Carnival of Song

Englische und amerikanische Kinderlieder

Kopiervorlagen und Vorschläge für den Unterricht

Zusammengestellt von
Annie Hughes

Cornelsen

Carnival of Song
Englische und amerikanische Kinderlieder

Kopiervorlagen und Vorschläge
für den Unterricht

Zusammengestellt von Annie Hughes

Übersetzt von Ingrid v. der Felsen-Ferguson

Verlagsredaktion: Ingrid v. der Felsen-Ferguson, Marie Keenoy

Beratende Mitwirkung: Joachim Blombach, Herford

Grafik: Robert Broomfield, Holger Lipschütz, Kate Taylor

Technische Umsetzung: Reinhild Hafner

Umschlaggestaltung: Knut Waisznor

Bild- und Liedquellen s. Verzeichnis auf S. 46

Carnival of Song
20 Kopiervorlagen und Vorschläge
für den Unterricht
Best.-Nr. 13022
CD Best.-Nr. 13014
CC Best.-Nr. 13006
mit allen Liedern (+ Playback) aus dem Buch.

Dieses Werk berücksichtigt die Regeln der reformierten
Rechtschreibung und Zeichensetzung.

1. Auflage ✔   Druck 4 3 2 1   Jahr 02 01 2000 99

© 1999 Cornelsen Verlag, Berlin
Das Werk und seine Teile sind urheberrechtlich geschützt.

Jede Verwertung in anderen als den gesetzlich zugelassenen Fällen bedarf
deshalb der vorherigen schriftlichen Einwilligung des Verlages.
Die Kopiervorlagen dürfen für den eigenen Unterrichtsgebrauch
in der jeweils benötigten Anzahl vervielfältigt werden.

Druck: Saladruck, Berlin

ISBN 3-464-01302-2

Bestellnummer 13022

gedruckt auf säurefreiem Papier, umweltschonend hergestellt aus chlorfrei gebleichten Faserstoffen

Inhalt

Einladung zum Carnival of Song 5
One Potato, Two Potatoes 6
There Were Ten in the Bed 8
Inchworm 10
Lou, Lou, Skip to My Lou 12
I Know They're Bad for My Teeth 14
One Finger, One Thumb 16
The Hokey Cokey 18
John Brown's Baby 20
If You're Happy and You Know It 22
How Do You Do? 24
Oh, You'll Never Get to Heaven 26
The Bear Hunt 28
There Was an Old Woman Who Swallowed a Fly .. 30
Hello Goodbye 32
When Santa Got Stuck up the Chimney 34
The Music Man 36
Look Outside Your Window 38
Rudolph the Red-nosed Reindeer 40
There's a Hole in My Bucket 42
Underneath the Sea 44

Abkürzungen

ABL Arbeitsblatt
L   Lehrer/in
S   Schüler/innen

Einladung zum Carnival of Song

Laden Sie Ihre Schülerinnen und Schüler ein mitzumachen beim *Carnival of Song*.
Beim Singen und Spielen der Lieder werden sie viel Spaß haben und fast nebenbei natürlich eine Menge Englisch lernen. Denn es gibt Lieder zu so unterschiedlichen Themen wie Essen, Zahlen, Tiere, Körper und Gesundheit, Wetter, Arbeit, Verkehr, Liebe, Weihnachten …

Zu jedem Lied finden Sie Vorschläge für den Unterricht, die vom Mitsingen über szenische Gestaltungen bis zum Erfinden eigener Liedtexte reichen, und jeweils ein Arbeitsblatt für die Schülerinnen und Schüler. Die Vorschläge zur Einführung der einzelnen Lieder folgen bewusst einem gleich bleibenden Grundmuster, das sich in der Praxis als hilfreich erwiesen hat.

Die Leiste oben auf den Arbeitsblättern gibt den Schülerinnen und Schülern eine erste Gelegenheit zur selbstständigen Auseinandersetzung mit dem Lied.

Sie versuchen herauszufinden:
Who´s singing (a man/a boy, a woman/a girl, a group)?
How many verses are there in the song?
Sie malen/schreiben in das freie Feld zum Thema des Liedes. Und schließlich malen sie, wie ihnen das Lied gefällt:
This song makes me feel …
Die Lösung dieser Aufgaben und die Möglichkeit zur eigenen Stellungnahme stärken Motivation und Selbstvertrauen.
Bei der Bearbeitung der weiteren Vorschläge und Aufgaben reichen die Aktivitäten vom Zuordnen über Malen zu eigenen Ideen bis zu ersten schriftlichen Aufgaben zu Themen/Vokabeln aus den Liedertexten.

Haben Sie keine Scheu dieses Material einzusetzen, auch wenn Sie kein Musikexperte sind. Alle zwanzig Lieder finden Sie auf der begleitenden Cassette oder CD, die Sie entsprechend den Vorschlägen für den Unterricht einsetzen können.

One Potato, Two Potatoes

Text

One potato, two potatoes, three potatoes, four,
Five potatoes, six potatoes, seven potatoes, more.

Über dieses Lied

Die S lernen einen englischen Abzählvers kennen.

> **L**
>
> *potato, more*
>
> - Welche Abzählverse sind in der Gruppe bekannt?
> - Unten sehen Sie, wie das Lied als Abzählvers funktioniert.
> - Sie brauchen für je 2 S eine Kopie des ABL.
> - CC oder CD einlegen.
>
> **S**
>
> - ABL für je 2 S, Schreibzeug

Vorschläge für den Unterricht

- Die S hören das Lied (etwa zweimal) und bearbeiten dabei die Leiste oben auf dem ABL.
- Ergebnisse vergleichen lassen und miteinander besprechen.

Aufgabe 1

1. Welche Abzählverse kennen die S? Jetzt sollen sie auf Englisch abzählen.
2. Spielen Sie das Lied zweimal vor.
3. Demonstrieren Sie die *actions* zum Lied:
   Alle S einer Gruppe strecken ihre Fäuste vor – bis auf einen. Der singt das Lied. Dabei schlägt er mit der Faust auf die Fäuste in der Runde. Derjenige, den er bei dem Wort *more* trifft, muss jeweils ausscheiden. Das geht so lange weiter, bis nur einer übrig bleibt.

Aufgabe 2

Die S probieren das in Vierergruppen aus. Wer in jeder Gruppe ist „dran"/bleibt übrig?

Aufgabe 3

1. Jetzt bekommen je 2 S ein ABL. Abwechselnd singen/sprechen sie den Vers und „boxen" jeweils eine Figur aus dem Kreis heraus: Sie streichen und nummerieren sie auf dem ABL (1, 2, …).
2. Das Spiel geht so lange weiter, bis alle 17 Figuren getroffen/ausgeschieden sind.

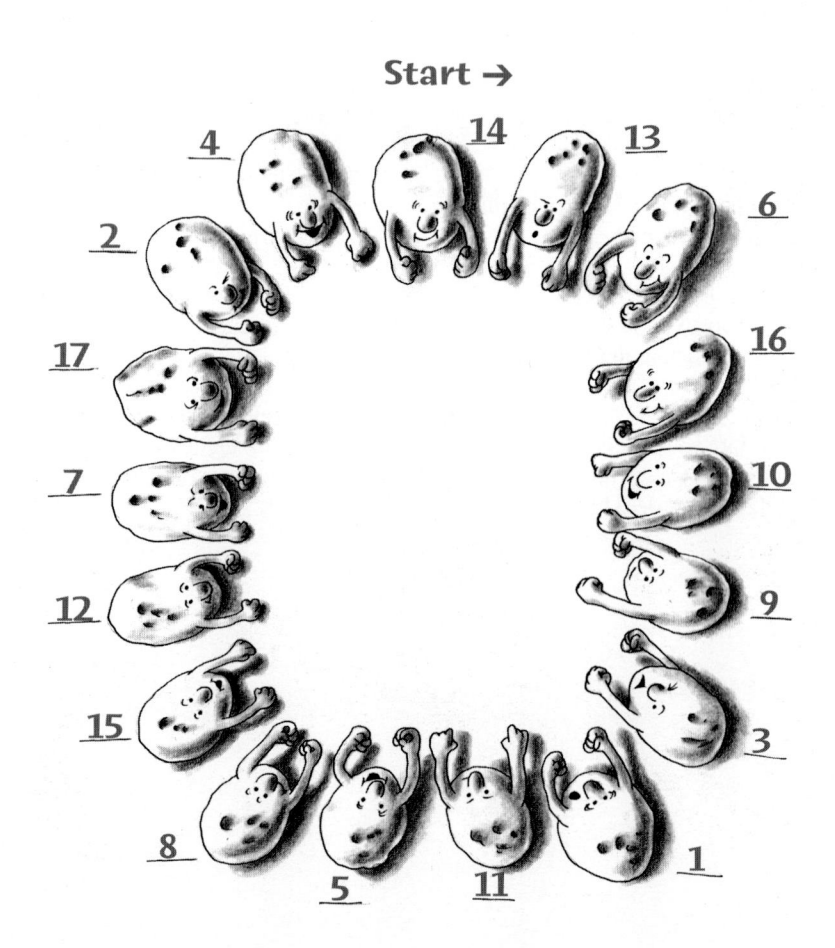

One Potato, Two Potatoes

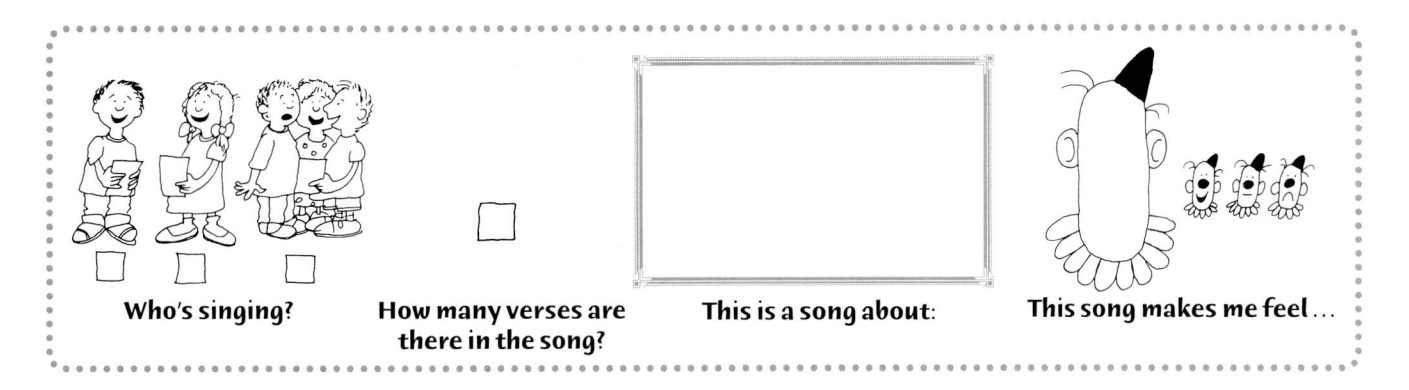

Who's singing? | How many verses are there in the song? | This is a song about: | This song makes me feel…

Start →

There Were Ten in the Bed

Text

*There were ten in the bed
And the little one said,
"Roll over! Roll over!"
So they all rolled over and one fell out.*

There were nine in the bed …

There were eight in the bed …

There were seven in the bed …

There were six in the bed …

There were five in the bed …

There were four in the bed …

There were three in the bed …

There were two in the bed …

*There was one in the bed
And this little one said,
"Good night! Good night!"*

Über dieses Lied

Ein Lied, das oft zum Zeitvertreib gesungen wird, beim Zelten, bei langen Reisen … Die S können *bed* etwa durch *car, plane* … ersetzen. Es macht Spaß das Lied so schnell wie möglich zu singen, auch in mehreren Gruppen – um die Wette.

L

fall out, roll over

- Stifte aus einer Federtasche fallen lassen, über den Tisch rollen lassen. *Little one* ist ein Kosewort. Evtl. ein Familienbild mitbringen mit einem *little one*, einem kleinen Kind.
- Lösungskarten mit den Abbildungen des ABL bereithalten.
- Sie brauchen für jeden S eine Kopie des ABL.
- CC oder CD einlegen.

S

- ABL, Schreibzeug, Farbstifte

Vorschläge für den Unterricht

- Die S hören das Lied (etwa zweimal) und bearbeiten dabei die Leiste oben auf dem ABL.
- Ergebnisse vergleichen lassen und miteinander besprechen.

Aufgabe 1

1. *fall out, roll over, little one* an die Tafel schreiben, Bedeutungen klären.
2. Die S ordnen die Wörter den Abbildungen auf dem ABL zu.
3. Welches Wort passt zu welcher Abbildung? Lassen Sie die Lösungen überprüfen, indem Sie Ihre vorbereiteten Karten zeigen. Wenn nötig korrigieren lassen.

Aufgabe 2

1. Spielen Sie das Lied noch einmal, stoppen Sie vor dem Ende: Die S hören genau zu und können sagen, wie viele Personen noch im Bett liegen.
2. Stoppen sie etwa in der Mitte: Wie viele Personen sind noch *in the bed*?
3. Das kann einige Male wiederholt werden.

Aufgabe 3

1. Lassen Sie Gruppen bilden (10 oder weniger S), die *in the bed* sind. Beim Hören des Liedes spielen die S das *roll over* und *fall out* nach (im Gras, in der Turnhalle oder einfach im Stehen in der Klasse).
2. Anschließend denken sich die einzelnen Gruppen neue Textvarianten aus, z.B.: *plane/jumped out, school/ran out, pool/swam out* …
3. Jede Gruppe schreibt ihr neues Lied auf. Sie übt es ein und spielt es.
4. Alle Gruppen spielen einander ihre Lieder vor. Die Zuhörer/Zuschauer können mitmachen.

Weitere Aufgaben

1. Sie können versuchen für die anderen Textvarianten auch Lieder nach dem Muster des *Ten-in-the-Bed*-Liedes zu erfinden. Sammeln Sie die Lieder der Klasse.
2. Lassen Sie Mobiles zu diesem Lied basteln.

There Were Ten in the Bed

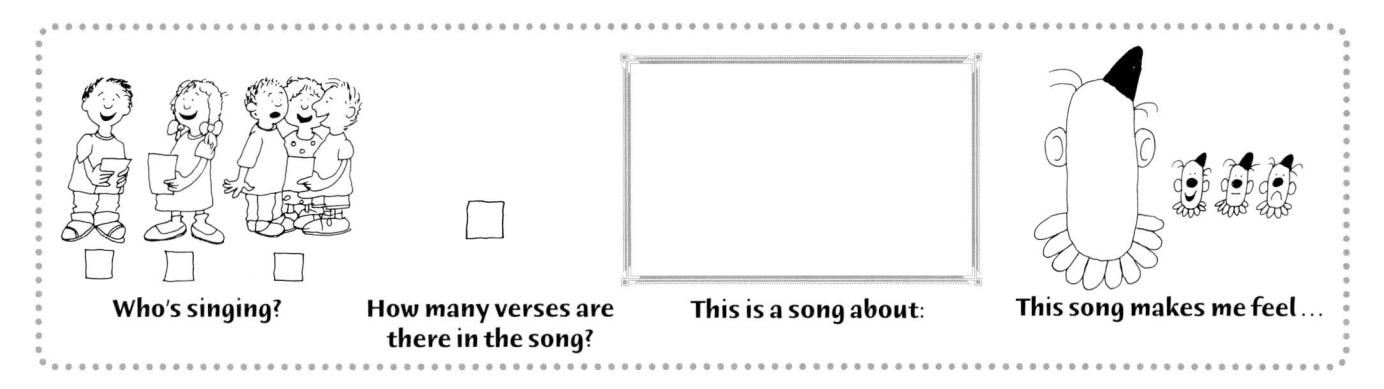

Who's singing? | How many verses are there in the song? | This is a song about: | This song makes me feel...

Inchworm

Text

Inchworm, inchworm,
Measuring the marigolds,
You and your arithmetic,
You'll probably go far.

Inchworm, inchworm,
Measuring the marigolds,
Seems to me, you'd stop and see
How beautiful they are.

Two and two are four,
Four and four are eight,
Eight and eight are sixteen,
Sixteen and sixteen are thirty-two.

Two and two are four,
Four and four are eight,
Eight and eight are sixteen,
Sixteen and sixteen are thirty-two.

Inchworm, inchworm,
Measuring the marigolds,
You and your arithmetic,
You'll probably go far.

Inchworm, inchworm,
Measuring the marigolds,
Seems to me, you'd stop and see
How beautiful they are.

Über dieses Lied

Ein reizvolles Lied – nicht ganz einfach, wenn Sie es im Kanon (*as a round*) singen lassen. Sie können das Lied sogar fächerverbindend einsetzen, im Zusammenhang mit Mathematik.

L

marigold, measure, arithmetic, inch

- Zur Einführung der neuen Vokabeln ist ein Lineal mit cm- und *inch*-Einteilung nötig, evtl. eines basteln.
- Zu *marigold* (Ringelblume, Calendula) eine Abbildung mitbringen.
- Sie brauchen für jeden S eine Kopie des ABL.
- CC oder CD einlegen.

S

- ABL, Schreibzeug, Farbstifte, Scheren

Vorschläge für den Unterricht

- Die S hören das Lied (etwa zweimal) und bearbeiten dabei die Leiste oben auf dem ABL.
- Ergebnisse vergleichen lassen und miteinander besprechen.

Aufgabe 1

1. Was macht man mit einem Lineal (zeigen)? Damit werden Sachen gemessen. (*measure:* die neuen Wörter jeweils an der Tafel notieren.) Dann zeigen Sie Ihr Lineal mit beiden Maßeinheiten. Die S erfahren, dass man in GB – bis vor kurzem – in *inches* gemessen hat: *Everyone measured in inches.* (Tafel) Sie halten das Lineal an Ihre Hand: *I'm measuring my hand in inches. It's … inches long.* (Tafel)
2. Anschließend schneiden die S das Lineal auf dem ABL mit cm- und *inch*-Einteilung aus.
3. Die S messen die Hand, das Buch und den Bleistift auf dem ABL und schreiben ihre Messergebnisse zu den Abbildungen.

Aufgabe 2

1. Sie zeigen die *marigold*-Abbildung, die S hören das Wort und sehen es an der Tafel.
2. Welche Farbe hat die Blume?
3. Was ist das für ein Wurm bei der Blume? Es ist ein Wurm aus einer Geschichte: *inchworm* heißt er, weil er gerade einen *inch* lang ist.
4. Die S malen die Blume und den Wurm aus. Dabei hören sie den ersten Teil des Liedes wieder *(Inchworm, inchworm … How beautiful they are).*
5. Wovon erzählt das Lied? Die S äußern sich zum Inhalt. Dazu müssen Sie Teile des Liedes evtl. noch einmal vorspielen.

Aufgabe 3

1. Spielen Sie jetzt den nächsten Teil des Liedes *(Two and two … thirty-two).* Schreiben Sie dabei die Zahlen des Textes an die Tafel.
2. Was passiert mit den Zahlen? Die S stellen fest, dass sie sich jeweils verdoppeln: *They're doubled (doubling) each time.* Die S können das an der Tafel nachvollziehen.
3. Spielen Sie diesen Teil des Liedes noch einmal: Die S sollen jetzt mitsingen.
4. Anschließend spielen Sie den ersten Teil des Liedes *(Inchworm … How beautiful they are).* Die S üben auch diesen Teil.
5. Die Klasse bildet zwei Gruppen. Jede Gruppe singt einen der beiden Teile. Beide Gruppen beginnen gemeinsam, im Kanon.

Weitere Aufgaben

1. Die S messen auf mitgebrachten Abbildungen ganz unterschiedliche Dinge und machen daraus ein *inch*-Buch.
2. Die Verwendung unterschiedlicher Maßeinheiten kann Anlass sein über historische Entwicklungen zu reden. Wie kam es dazu, dass in GB jetzt auch in cm gemessen wird? (Europäische Union)

Inchworm

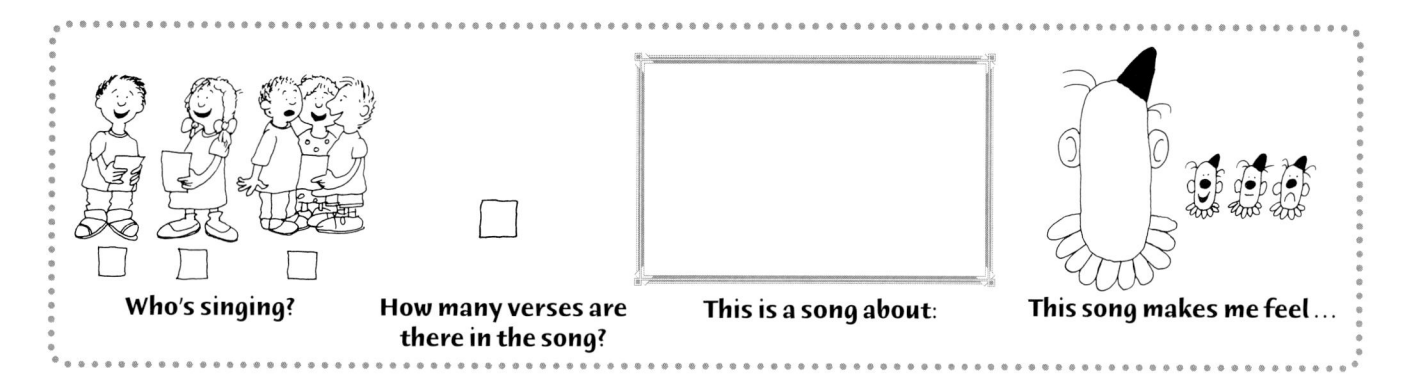

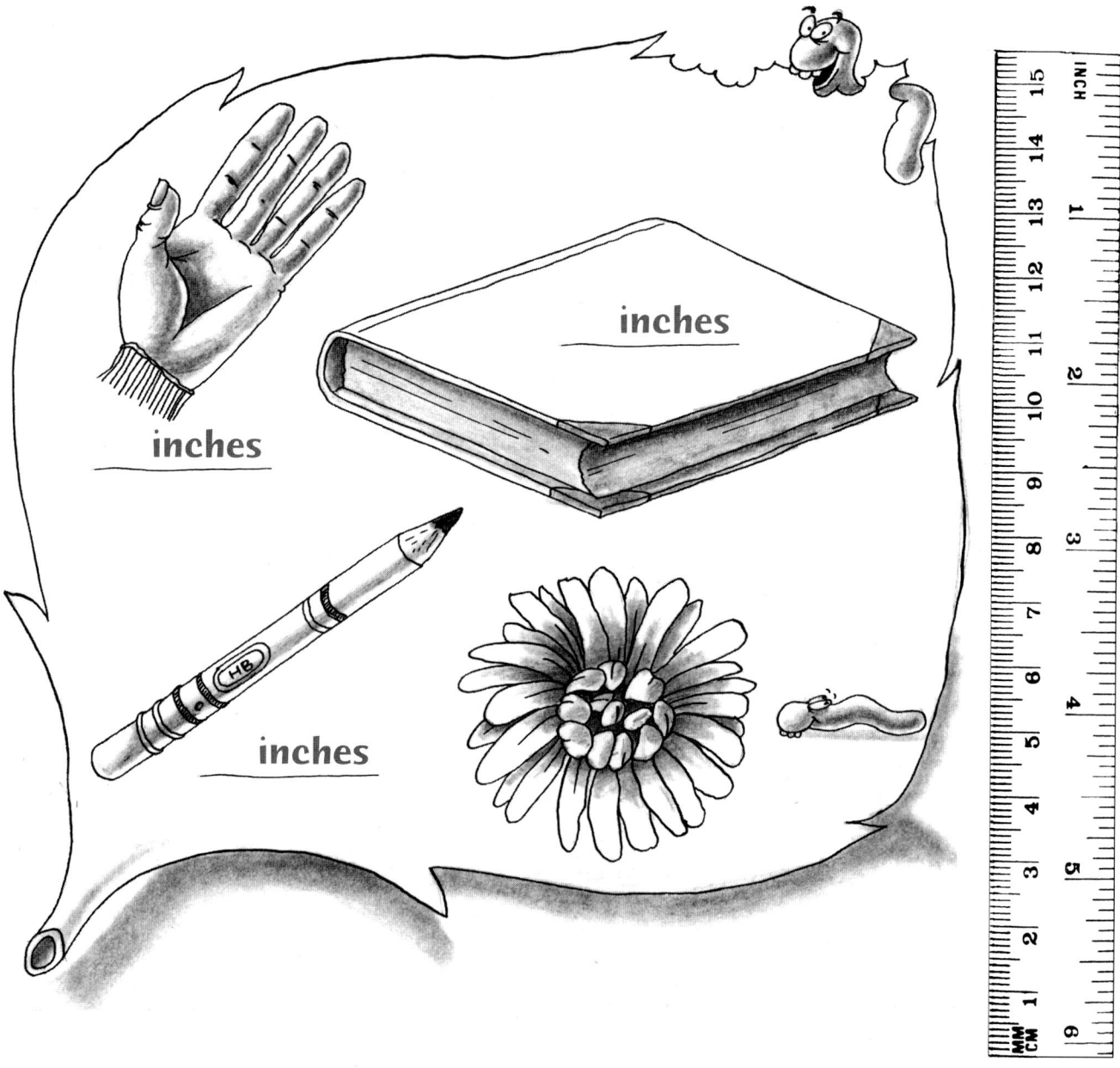

Who's singing? | How many verses are there in the song? | This is a song about: | This song makes me feel …

inches

inches

inches

Lou, Lou, Skip to My Lou

Text

Lou, Lou, skip to my Lou,
Lou, Lou, skip to my Lou,
Lou, Lou, skip to my Lou,
Skip to my Lou my darling.

Flies in the buttermilk, shoo, fly, shoo,
Flies in the buttermilk, shoo, fly, shoo,
Flies in the buttermilk, shoo, fly, shoo,
Skip to my Lou my darling.

Cows in the meadow, moo, moo, moo,
Cows in the meadow, moo, moo, moo,
Cows in the meadow, moo, moo, moo,
Skip to my Lou my darling.

Doves in the dovecot, coo, coo, coo,
Doves in the dovecot, coo, coo, coo,
Doves in the dovecot, coo, coo, coo,
Skip to my Lou my darling.

Snakes in the grass go s-s-s,
Snakes in the grass go s-s-s,
Snakes in the grass go s-s-s,
Skip to my Lou my darling.

I've lost my sweetheart, boo, hoo, hoo,
I've lost my sweetheart, boo, hoo, hoo,
I've lost my sweetheart, boo, hoo, hoo,
Skip to my Lou my darling.

I'll find another one, better than you,
I'll find another one, better than you,
I'll find another one, better than you,
Skip to my Lou my darling.

Über dieses Lied

Ein Lied mit einem schönen *"join-in" chorus*, bei dem auch mitgeklatscht werden darf! Das Lied ist ziemlich lang. Am besten lassen Sie die einzelnen Strophen gruppenweise vorspielen. Die Melodie des Liedes lässt sich ohne weiteres auch auf andere Texte übertragen: Sie können mit Ihrer Klasse ein neues Lied schreiben.

Vorschläge für den Unterricht

- Die S hören das Lied (etwa zweimal) und bearbeiten dabei die Leiste oben auf dem ABL.
- Ergebnisse vergleichen lassen und miteinander besprechen.

L

skip, fly, buttermilk, cow, meadow, dove, dovecote, snake, grass, sweetheart

- Überlegen Sie, wie Sie mit Abbildungen/Mimik/Gestik die neuen Vokabeln einführen wollen.
- Bereiten Sie sich auf das Gespräch über Tierlaute vor. Tierlaute werden ja im Englischen und im Deutschen z.T. sehr unterschiedlich wiedergegeben (Schaf: mäh/*baa*, Hahn: Kikeriki/*cock-a-doodle-doo*, Esel: ia/*hee-haw* …).
- *skip* bedeutet hier so viel wie *run to* – aber in Sprüngen. Am besten skip demonstrieren (lassen!). *Lou* kann sowohl ein Mädchen- wie ein Jungenname sein.
- Sie brauchen für jeden S eine Kopie des ABL.
- CC oder CD einlegen.

S

- ABL, Schreibzeug, Farbstifte

Aufgabe 1

1. Zeigen Sie die Bilder von zwei Tieren: Hund/Katze. Die S ahmen deren Laute nach. Schreiben Sie die englischen Laute an die Tafel: *woof, meow*. Klingen sie anders als die deutschen? Lassen Sie weitere Tierlaute vergleichen.
2. Die S schauen sich auf dem ABL Bilder der Taube *(dove)*, der Kuh *(cow)* und der Schlange *(snake)* an. Führen Sie diese Namen ein (Tafel). Schreiben Sie *coo, moo, sss* dazu. Sprechen Sie die Laute zusammen mit den Schülern. Wer sagt was? Lassen Sie die S die Laute zuordnen.
3. Die S tragen die Namen der Tiere auf dem ABL ein.
4. Führen Sie *dovecote, meadow, grass* ein. Lassen Sie diese Namen auch eintragen.

Aufgabe 2

1. *skip to, I've lost my sweetheart, I'll find another one, better than you* werden durch Mimik/Gestik/Tafelzeichnungen eingeführt.
2. Danach singen alle zusammen das Lied und üben es ein.

Aufgabe 3

1. Teilen Sie die Klasse in sechs Gruppen auf. Jede Gruppe soll einen der Verse vorspielen. Die S sollten genügend Zeit haben ihre Aufführungen untereinander zu besprechen und zu proben.
2. Die Gruppen spielen und singen jetzt abwechselnd ihre Stücke vor. Nach jeder Aufführung singen alle gemeinsam den Refrain und klatschen dazu.

Weitere Aufgaben

1. Lassen Sie die S Tierbilder sammeln/malen und jeweils die deutschen und englischen Laute dazuschreiben.
2. Die S denken sich weitere Verse zu dem Lied aus, z.B.:
   The dog's in his kennel, woof, woof, woof,
   The dog's in his kennel, woof, woof, woof,
   The dog's in his kennel, woof, woof, woof,
   Skip to my Lou my darling.

Lou, Lou, Skip to My Lou

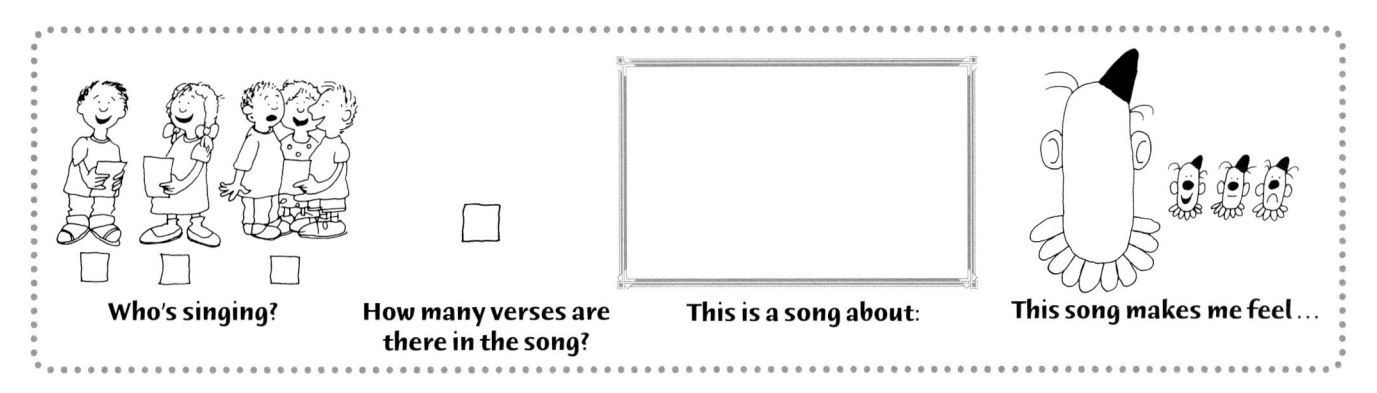

Who's singing? | How many verses are there in the song? | This is a song about: | This song makes me feel ...

I Know They're Bad for My Teeth

Text

I know they're bad for my teeth,
And I know they'll make me fat,
But I like mint chip chocolate bars
And terrible things like that.

Chorus:
Apples, nuts and oranges
Will keep me fit and neat.
There's lots of healthy fruit to taste,
So when I feel an empty space,
Or an urgent need to fill my face,
I'll just have another little sweet.

I know they're bad for my teeth,
They're made of dreadful stuff,
But I like toffee and walnut whips,
I just can't get enough.

Chorus

I know they're bad for my teeth,
They'll bring me out in a blotch,
But I like rock and sherbet dabs,
Boiled sweets and butterscotch.

Chorus

I know they're bad for my teeth,
They'll rot and all drop out,
And though I like those sweet sticky things,
There really is no doubt that …

Chorus

Über dieses Lied

„Ich weiß, das ist schlecht für die Zähne …", das kennen Kinder (und Erwachsene) nur zu gut. Vielleicht kennen die S einige der britischen *sweets* aus dem Lied? *Sherbet dabs* sind kleine Brausepulver-Zylinder mit einem Lakritzstäbchen. Das wird in das Brausepulver gesteckt und dann abgeleckt. *Walnut whips:* eine Pralinen-Sorte, *rock:* Zuckerstange, *boiled sweets:* Bonbons, *butterscotch:* ähnlich wie Sahnebonbons. Ein Lied, das Sie singen können, wenn Sie mit Ihrer Klasse über gesunde Ernährung sprechen!

Vorschläge für den Unterricht

- Die S hören das Lied (etwa zweimal) und bearbeiten dabei die Leiste oben auf dem ABL.
- Ergebnisse vergleichen lassen und miteinander besprechen.

L

teeth, chocolate bar, nut, toffee, rock, walnut whip, sherbet dab, boiled sweet, butterscotch, feel an empty space (hunger), fill my face (eat lots and lots), bad for my teeth, dreadful stuff (unhealthy ingredients), I can't get enough (I want to eat lots more), bring me out in a blotch (bring me out in spots), they'll rot (teeth will go bad)

- Nehmen Sie einige Süßigkeiten mit in den Unterricht: Schokoladentafeln, Lakritz, Sahnebonbons, Brausepulver.
- Führen Sie die neuen Vokabeln mithilfe der mitgebrachten *sweets*, über Abbildungen, Mimik/Gestik ein.
- Sie brauchen für jeden S eine Kopie des ABL.
- CC oder CD einlegen.

S

- ABL, Schreibzeug, Farbstifte

Aufgabe 1

1. Breiten Sie Ihre mitgebrachten Süßigkeiten aus. Lassen Sie die S die deutschen Bezeichnungen nennen. Anschließend lernen sie die englischen Namen dafür kennen, z.B.: *boiled sweet, chocolate bar, sherbet dab, butterscotch* …
2. All diese Namen werden an die Tafel geschrieben, außerdem *oranges, nuts, apples*. (Kennen die S diese Vokabeln?) Fragen Sie Ihre S, was sie davon am liebsten essen.
3. Jetzt wird abgestimmt: Wie viele Liebhaber finden sich für die einzelnen Dinge an der Tafel? (Dazuschreiben)
4. Gemeinsames Gespräch über den Ausgang der „Wahl".

Aufgabe 2

Die S übertragen das Abstimmungsergebnis in die Grafik auf ihrem ABL.

Aufgabe 3

1. Schauen Sie zusammen die englischen *sweets* auf dem ABL an. Woraus bestehen sie? Wie schmecken sie? Schreiben Sie die Namen an die Tafel: *walnut whip, toffee, sherbet dab, boiled sweets, chocolate bar*
2. Die S schreiben die Namen zu den Abbildungen.
3. Üben Sie dann gemeinsam das Lied mithilfe der Cassette/CD.

Weitere Aufgaben

1. Vielleicht möchten Sie zur „Belohnung" Ihre mitgebrachten Süßigkeiten verteilen?
2. Vielleicht lassen sich auch original englische *sweets* organisieren und probieren?

I Know They're Bad for My Teeth

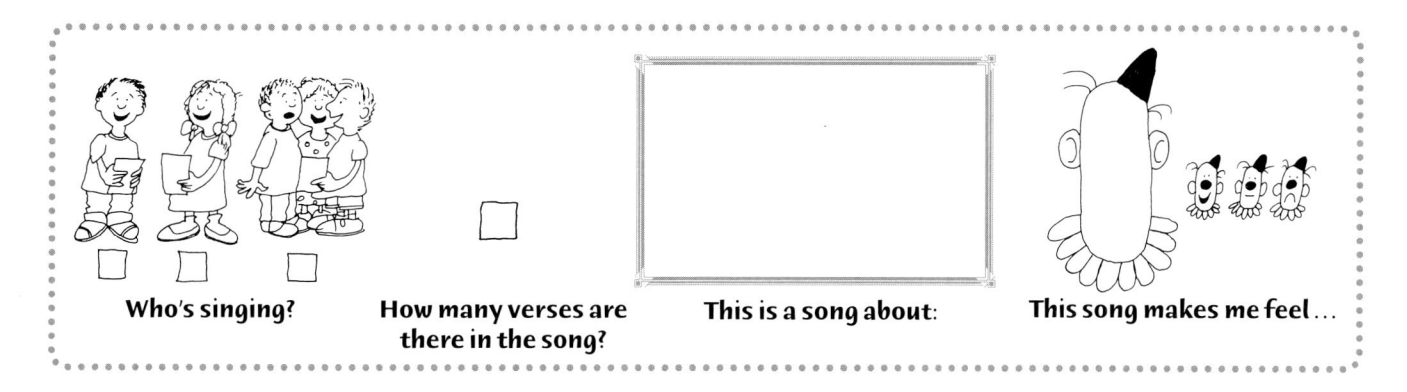

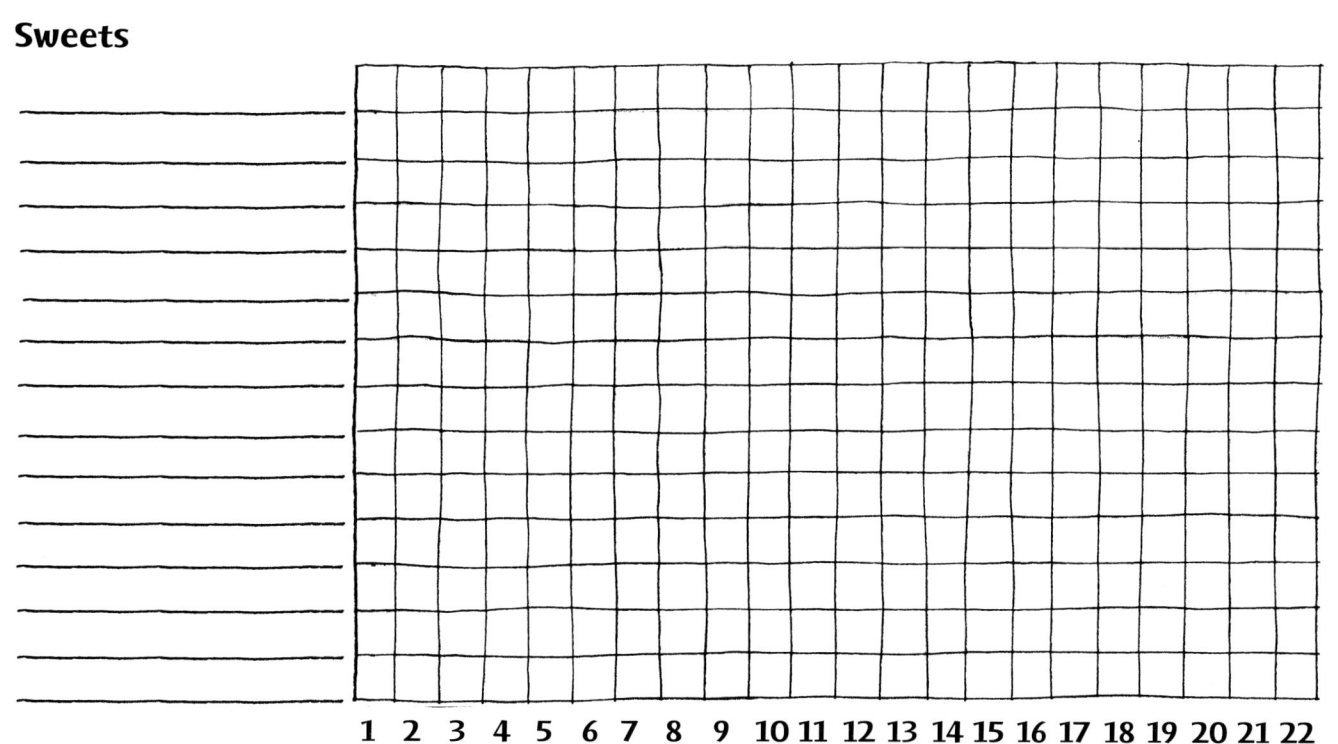

Who's singing?   How many verses are there in the song?   This is a song about: This song makes me feel …

Sweets

1 2 3 4 5 6 7 8 9 10 11 12 13 14 15 16 17 18 19 20 21 22

Number of pupils

One Finger, One Thumb

Text

One finger, one thumb, keep moving,
One finger, one thumb, keep moving,
One finger, one thumb, keep moving.
We'll all be merry and bright!

One finger, one thumb,
One arm, one leg, keep moving,
One finger, one thumb,
One arm, one leg, keep moving,
One finger, one thumb,
One arm, one leg, keep moving.
We'll all be merry and bright!

One finger, one thumb,
One arm, one leg,
One nod of the head, keep moving,
One finger, one thumb,
One arm, one leg,
One nod of the head, keep moving,
One finger, one thumb,
One arm, one leg,
One nod of the head, keep moving.
We'll all be merry and bright!

One finger, one thumb,
One arm, one leg,
One nod of the head,
Stand up, sit down, keep moving,
One finger, one thumb,
One arm, one leg,
One nod of the head,
Stand up, sit down, keep moving,
One finger, one thumb,
One arm, one leg,
One nod of the head,
Stand up, sit down, keep moving.
We'll all be merry and bright!

One finger, one thumb,
One arm, one leg,
One nod of the head,
Stand up, turn round,
Sit down, keep moving,
One finger, one thumb,
One arm, one leg,
One nod of the head,
Stand up, turn round,
Sit down, keep moving,
One finger, one thumb,
One arm, one leg,
One nod of the head,
Stand up, turn round,
Sit down, keep moving.
We'll all be merry and bright!

Über dieses Lied

Ein Lied mit viel *action:* Die S beschäftigen sich singend mit ihren Körperteilen, die gleichzeitig in Aktion gesetzt werden.

L

keep moving, nod

- Je zwei Partner brauchen eine Schere.
- Probieren Sie die *actions* in Aufgabe 2 am besten selber aus, bevor Sie sie vor der Klasse demonstrieren.
- Sie brauchen für jeden S eine Kopie des ABL.
- CC oder CD einlegen.

S

- ABL, Schreibzeug, Farbstifte, Scheren

Vorschläge für den Unterricht

- Die S hören das Lied (etwa zweimal) und bearbeiten dabei die Leiste oben auf dem ABL.
- Ergebnisse vergleichen lassen und miteinander besprechen.

Aufgabe 1

1. Führen Sie *nod* und *keep moving* ein.
2. Lassen Sie die S die oberen acht Karten auf dem ABL ausschneiden.
   Während die S das Lied hören, halten sie jeweils die Karte mit dem Körperteil, von dem gerade die Rede ist, hoch.
3. Wenn die S jetzt das Lied wieder hören, sollen sie versuchen eine zu dem jeweiligen Körperteil passende Bewegung aufzuschreiben (*head: nod* usw.).

Aufgabe 2

1. Die S legen ihre Karten in der Reihenfolge aus, wie die Körperteile im Lied vorkommen.
2. Wenn Sie das Lied jetzt wieder vorspielen, sollen die S die Bewegungen selber ausführen.
3. Alle S singen und spielen das Lied.

Aufgabe 3

1. Die Klasse bildet Vierer- oder Fünfergruppen.
2. Jede Gruppe soll versuchen eine neue Strophe zu erfinden: Schauen Sie miteinander den Aufbau der 1. Strophe an (Tafel).
3. Welche *actions* könnten in euren neuen Strophen vorkommen? Z.B.: *one swing of the, one kick of the, one turn of the, turn around, step right, step left, jump up and down, get up.*
4. Die Gruppen schreiben ihre neue Strophe auf.
5. Jede Gruppe übt ihre Strophe und führt sie vor.
6. Die Gruppen zeichnen Karten mit den Körperteilen, die in ihren Strophen vorkommen (ABL).

Weitere Aufgaben

Sammeln Sie die Vorschläge aus der Klasse und machen daraus den *Class Body Song* (als Poster?). Wenn möglich kopieren, damit alle S ein Exemplar haben. Dann kann die Klasse gemeinsam ihr *Body*-Lied singen.

One Finger, One Thumb

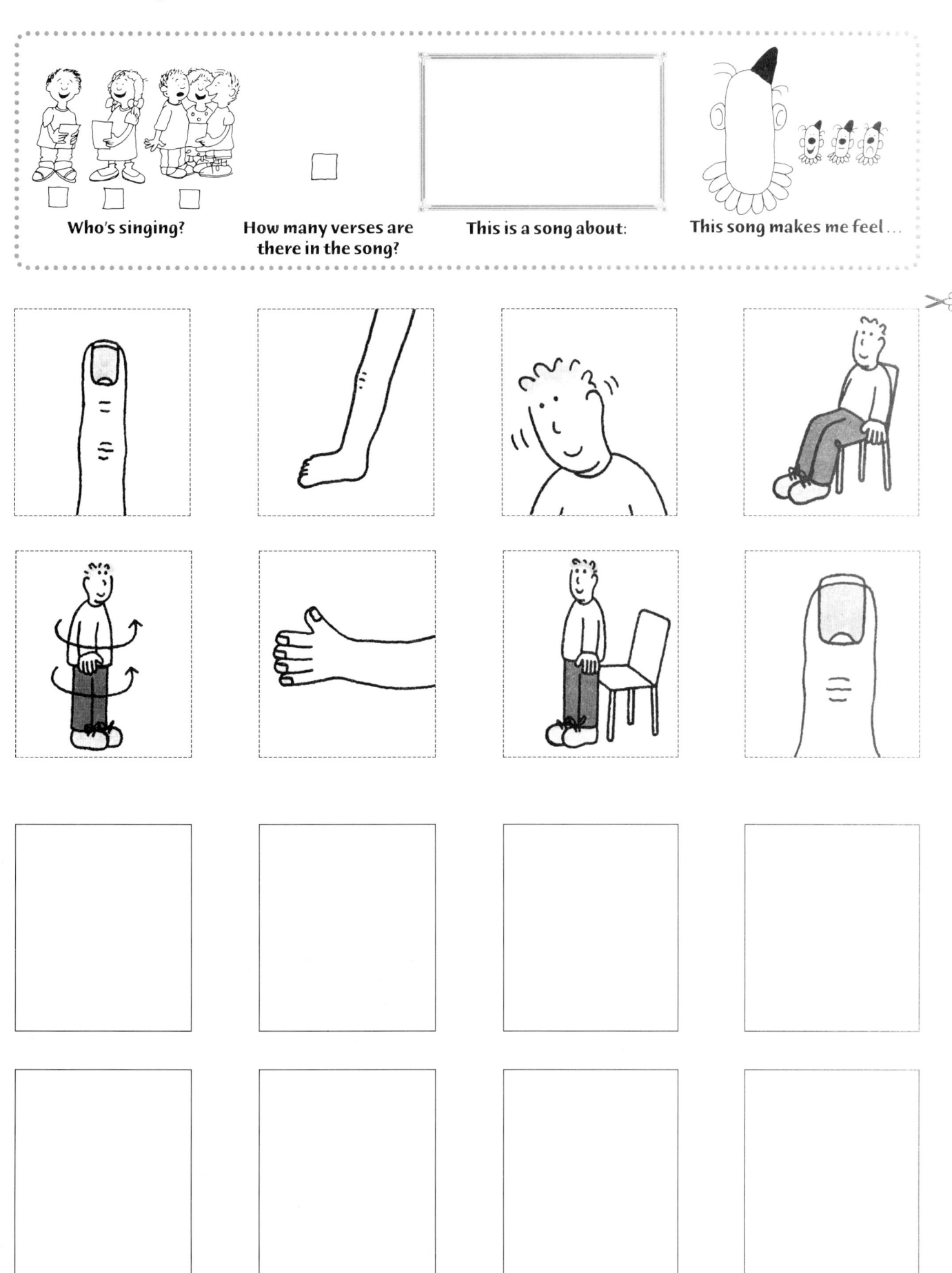

Who's singing?

How many verses are there in the song?

This is a song about:

This song makes me feel …

The Hokey Cokey

Text

You put your right arm in,
You put your right arm out,
In, out, in, out, shake it all about.
You do the Hokey Cokey,
And you turn around.
That's what it's all about!

Chorus:
Oh, Oh, the Hokey Cokey,
Oh, Oh, the Hokey Cokey,
Oh, Oh, the Hokey Cokey,
Knees bend, arms stretch, ra! ra! ra!

You put your left leg in,
You put your left leg out,
In, out, in, out, shake it all about.
You do the Hokey Cokey,
And you turn around.
That's what it's all about!

Chorus

You put your little nose in,
You put your little nose out,
In, out, in, out, shake it all about.
You do the Hokey Cokey,
And you turn around.
That's what it's all about!

Chorus

You put your two ears in,
You put your two ears out,
In, out, in, out, shake it all about.
You do the Hokey Cokey,
And you turn around.
That's what it's all about!

Chorus

You put your whole self in,
You put your whole self out,
In, out, in, out, shake it all about.
You do the Hokey Cokey,
And you turn around.
That's what it's all about!

Chorus

Über dieses Lied

Ein beliebtes Party-Lied, das besonders gern zu Silvester gesungen wird. Alle Teilnehmer bilden einen Kreis und tanzen und bewegen sich entsprechend dem Text des Liedes. Bei *do the Hokey Cokey* kann man die Hände aneinander legen, mit den Armen von rechts nach links schaukeln, die Knie beugen, die Arme ausstrecken – oder sich, je nach Lust und Laune, auch ganz anders bewegen. Bei diesem Lied lassen sich natürlich gut die Vokabeln für die einzelnen Körperteile üben, vor allem aber macht es viel Spaß.

L

shake it all about, turn around, knees bend, arms stretch, whole self

- Demonstrieren Sie diese Bewegungen, zeigen Sie dabei auf die entsprechenden Körperteile.
- Führen Sie neue Vokabeln ein.
- Die Gruppe bildet einen weiten Kreis. (Es können auch mehrere Gruppen sein.) Alle agieren gemäß dem Text. Beim Refrain fassen sich alle an den Händen, gehen vor zur Mitte und wieder zurück.
- Sie brauchen für jeden S eine Kopie des ABL.
- CC oder CD einlegen.

S

- ABL, Schreibzeug, Farbstifte

Vorschläge für den Unterricht

- Die S hören das Lied (etwa zweimal) und bearbeiten dabei die Leiste oben auf dem ABL.
- Ergebnisse vergleichen lassen und miteinander besprechen.

Aufgabe 1

1. Sie zeigen auf Teile des Körpers und die S nennen die entsprechenden englischen Bezeichnungen: *arm/s, leg/s, nose, ear/s, knee/s, hand/s, face, …*
2. Die S tragen die richtigen Bezeichnungen auf dem ABL ein.

Aufgabe 2

1. Können die S noch mehr Körperteile benennen? Führen Sie weitere Vokabeln ein.
2. Schreiben Sie diese Vokabeln an die Tafel und spielen Sie mit den S: Jemand liest eines der neuen Wörter vor, die anderen zeigen auf den richtigen Körperteil.
3. Die S ergänzen diese Vokabeln auf ihrem ABL.

Aufgabe 3

1. Die S hören das Lied und zeigen dabei jeweils auf die erwähnten Körperteile.
2. Alle stellen sich im Kreis auf, um *Hokey Cokey* zu singen und zu spielen. Üben sie zunächst die einzelnen Verse miteinander.
3. Dann können die S versuchen das ganze Lied hintereinander zu singen/zu spielen. Später können sie Strophen mit anderen Körperteilen (nach ihren Vorschlägen) singen/spielen, ohne die Cassette/CD.

Weitere Aufgaben

1. Welche Vorschläge fanden die S am witzigsten? Schreiben Sie sie zusammen auf.
2. *Hokey Cokey* im Sitzen – welche Vorschläge kommen von den S?

The Hokey Cokey

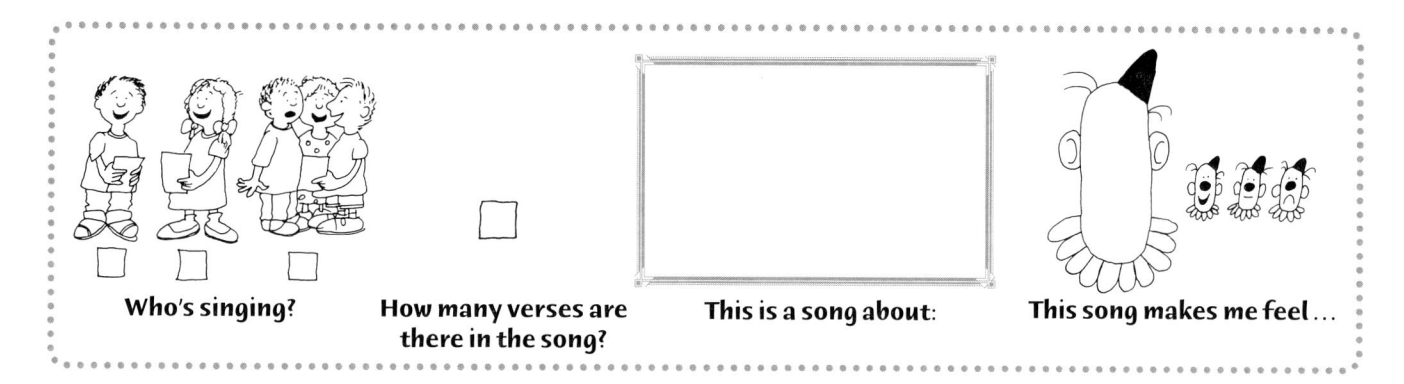

Who's singing? | How many verses are there in the song? | This is a song about: | This song makes me feel …

John Brown's Baby

Text

John Brown's baby's got a cold upon his chest,
John Brown's baby's got a cold upon his chest,
John Brown's baby's got a cold upon his chest,
So they rubbed it with camphorated oil.

Camphor – amphor – amphor– ated,
Camphor – amphor – amphor– ated,
Camphor – amphor – amphor– ated,
So they rubbed it with camphorated oil.

Über dieses Lied

Dieses Lied wird traditionell beim Lagerfeuer gesungen – dabei versuchen alle immer komischere Strophen zu erfinden. Ein beliebtes Spiel: Beim Singen des Liedes müssen bestimmte Wörter ausgelassen werden. Wer vergisst rechtzeitig zu verstummen?

L

baby, a cold, chest, rubbed

- Sie brauchen für jeden S eine Kopie des ABL.
- CC oder CD einlegen.

S

- ABL, Schreibzeug, Farbstifte

Vorschläge für den Unterricht

- Die S hören das Lied (etwa zweimal) und bearbeiten dabei die Leiste oben auf dem ABL.
- Ergebnisse vergleichen lassen und miteinander besprechen.

Aufgabe 1

1. Führen Sie die neuen Vokabeln ein.
2. *John Brown* hieß ein *cowboy* vor langer, langer Zeit, als man Krankheiten noch mit merkwürdig riechenden Mitteln zu kurieren versuchte … Schauen Sie gemeinsam den *John Brown* auf dem ABL an.
3. Spielen Sie das Lied vor. Die S versuchen mitzusingen.

Aufgabe 2

1. Wer von euch kann ganz gut aufpassen? Einführung des Spiels.
2. Die S singen gemeinsam das Lied (ohne Cassette/CD), aber – aufpassen! – ohne die Wörter *baby* und *cold*.
3. Und noch einmal: Diesmal stehen alle auf. Wer aus Versehen *baby* oder *cold* mitsingt, muss sich setzen.
4. Beim nächsten Mal sollen zusätzlich *Brown's* und *chest* ausgelassen werden.
5. Und so weiter: Jedesmal werden zwei weitere Wörter ausgelassen. Wer ist am Ende Sieger beim „Schweigelied"?

Aufgabe 3

1. Die S bilden Gruppen.
2. *John Brown's Baby* ist einfach eine *silly story*. Wem fällt eine ähnlich komische Geschichte ein?
3. Denkt euch selber eine richtig komische Strophe aus: Ihr braucht jemanden/etwas, mit irgendwelchen merkwürdigen Eigenschaften. Und die wollt ihr heilen/abschaffen/ändern. Aber wie?
4. Vielleicht schreiben Sie zunächst ein Beispiel an die Tafel:

Fred Stone's parrot had a boil upon its beak,
Fred Stone's parrot had a boil upon its beak,
Fred Stone's parrot had a boil upon its beak,
So they painted it with bright green paint!

Chorus
Bright, bright green paint,
Bright, bright green paint,
Bright, bright green paint,
So they painted it with bright green paint.

5. Jede Gruppe einigt sich, von wem/was sie erzählen will. Alle malen ein entsprechendes Bild neben dem *John Brown* auf dem ABL.
6. Dann schreiben die Gruppen ihre Strophen auf und üben sie zu singen.
7. Die Gruppen führen sich gegenseitig ihre neuen Strophen vor. Dabei malen die Zuhörer jeweils die „Subjekte" der Strophen (ABL).

Weitere Aufgaben

1. Lassen Sie alle diese „Wesen" in einer *Rogues Gallery* aufhängen.
2. Wer kennt ähnliche alte Heilmittel wie das von *John Brown*?

John Brown's Baby

Who's singing?   How many verses are there in the song?   This is a song about: This song makes me feel…

If You're Happy and You Know It

Text

If you're happy and you know it, clap your hands.
If you're happy and you know it, clap your hands.
If you're happy and you know it,
And you really want to show it,
If you're happy and you know it, clap your hands.

If you're happy and you know it, shake your head.
If you're happy and you know it, shake your head.
If you're happy and you know it,
And you really want to show it,
If you're happy and you know it, shake your head.

If you're happy and you know it, stamp your feet.
If you're happy and you know it, stamp your feet.
If you're happy and you know it,
And you really want to show it,
If you're happy and you know it, stamp your feet.

If you're happy and you know it, shout "We are!"
If you're happy and you know it, shout "We are!"
If you're happy and you know it,
And you really want to show it,
If you're happy and you know it, shout "We are!"

Über dieses Lied

If you're happy and you know it …, das können Sie in Englands Schulen jeden Tag hören. Die S lieben es, je nach Situation, ihre eigenen Variationen zu dem Lied zu erfinden, laute oder leise: *Do you want them to shout and clap – or to whisper and click their fingers?*

L

clap, shake, stamp, shout, rub, touch, lift, move

- Die Aktivitäten zu *clap, shake, stamp, shout* führen Sie vor und benennen sie. Beim nächsten Mal überlassen Sie der Klasse die *actions*. Anschließend führen Sie noch einmal jede *action* aus, sprechen die Vokabeln vor und lassen das die S wiederholen. Die Vokabeln schreiben Sie an die Tafel. Ebenso werden vor Aufgabe 3 *rub, touch, lift, move* eingeführt.
- Sie brauchen für jeden S eine Kopie des ABL.
- CC oder CD einlegen.

S

- ABL, Schreibzeug, Farbstifte

Vorschläge für den Unterricht

- Die S hören das Lied (etwa zweimal) und bearbeiten dabei die Leiste oben auf dem ABL.
- Ergebnisse zusammen anschauen und miteinander besprechen.

Aufgabe 1

1. Führen Sie *clap, shake, stamp, shout* ein wie oben beschrieben.
2. Die S hören das Lied an und zeigen auf dem ABL jeweils auf die entsprechende action.
3. Beim nächsten Hören sollen die S auf ihrem ABL die Reihenfolge der *actions* aus dem Lied markieren (*clap hands: 1, shake your head: 2, stamp your feet: 3, shout "We are.": 4*).

Aufgabe 2

1. Die S hören das Lied und schreiben die richtigen Verben zu den Abbildungen.
2. Anschließend probieren die S das Lied mitzusingen, mit den entsprechenden *actions*:

   Verse one is followed by two claps.
   Verse two is followed by a shake of the head.
   Verse three is followed by two stamps of the feet.
   Verse four is followed by a shouted "We are."

Aufgabe 3

1. Führen Sie *rub, touch, lift, move* ein wie oben vorgeschlagen.
2. Die S (in Vierergruppen) sollen ein neues Lied schreiben. Schauen Sie dazu miteinander die erste Strophe an (Tafel):

   If you're happy and you know it, clap your hands.
   If you're happy and you know it ,clap your hands.
   If you're happy and you know it,
   And you really want to show it,
   If you're happy and you know it, clap your hands.

   Da eigentlich alle Strophen gleich sind, müssen die S nur die letzten drei Wörter in den Zeilen 1, 2 und 4 austauschen und dabei die Verben an der Tafel benutzen.
3. *What do you want to rub (touch, lift, move)?* Z.B.: *rub your hands, lift your legs, rub your feet, lift your hair, rub your face, lift your arms, touch your nose, move your eyes, touch your toes, move your body*
4. Jede Gruppe bereitet vier neue Strophen vor. Alle neuen Lieder werden vorgesungen.
5. Die S malen die *actions* zu ihren Strophen in die leeren Felder auf dem ABL und schreiben die richtigen Vokabeln dazu.

Weitere Aufgaben

If you're happy and you know it: Geht das auch ganz leise? Welche leisen *actions* fallen euch dazu ein? *(whisper …)*

If You're Happy and You Know It

Who's singing? How many verses are there in the song? This is a song about: This song makes me feel…

How Do You Do?

Text

I know what to do
When I'm introduced to you.
I shake your hand and say,
"How do you do, today?"

"How do you do?" and "Pardon me"
Will help you on your way.
"Please" and "Thank you"
Will make a pleasant day.

Über dieses Lied

Wollen Sie die englischen Höflichkeitsfloskeln in einem neuen Kontext wiederholen? Dieses Lied erinnert die Kinder auf musikalische Weise an „gute Erziehung". Es ist ganz leicht zu lernen und wird nach der - meist schon bekannten - Melodie von *Jingle Bells* gesungen.

L

How do you do?, pardon me, please, thank you, excuse me, How are you?

- Sie brauchen für jeden S eine Kopie des ABL.
- CC oder CD einlegen.

S

- ABL, Schreibzeug, Farbstifte

Vorschläge für den Unterricht

- Die S hören das Lied (etwa zweimal) und bearbeiten dabei die Leiste oben auf dem ABL.
- Ergebnisse vergleichen lassen und miteinander besprechen.

Aufgabe 1

1. Die S kommentieren die Abbildungen auf dem ABL:

    1 *Two people are meeting for the first time.*
    2 *One person has burped in company.*
    3 *Two people are passing each other in the street.*
    4 *Somebody is trying to get past somebody else.*
    5 *Somebody is asking for a cake in a shop.*
    6 *The shop assistant is giving the cake to the customer.*

Aufgabe 2

1. Die S überlegen, was sie in den abgebildeten Situationen - auf Englisch - sagen könnten.
2. Wiederholen Sie die oben aufgeführten Höflichkeitswendungen mit der Klasse bzw. führen Sie sie ein.
3. Die S hören das Lied und versuchen mitzusingen.

Aufgabe 3

1. Die S spielen die abgebildeten Situationen im Rollenspiel nach (Partnerarbeit). *How do you do?:* das benutzen Erwachsene in formellen Situationen.
2. Während die S spielen, können Sie beobachten, ob die *phrases* richtig angewendet werden.
3. Am Ende singen alle zusammen das Lied, während die Partner gleichzeitig die Situation simulieren.

Weitere Aufgaben

1. Fallen Ihnen/den S weitere Höflichkeitsfloskeln ein? Lassen Sie ein Wandbild mit diesen *phrases* machen.
2. Ermuntern Sie die S, diese *phrases* (eine Zeit lang) untereinander zu benutzen.

How Do You Do?

Who's singing?   How many verses are there in the song?   This is a song about: This song makes me feel …

Oh, You'll Never Get to Heaven

Text

*Oh, you'll never get to heaven
On a boy scout's knee.
'Cos a boy scout's knee's too knobbly.
Oh, you'll never get to heaven
On a boy scout's knee.
'Cos a boy scout's knee's too knobbly.
I'm not going to moan a lot anymore.*

*Chorus
I'm not going to moan a lot,
I'm not going to moan a lot,
I'm not going to moan a lot anymore.*

*Oh, you'll never get to heaven
In a Rolls Royce car.
'Cos a Rolls Royce car won't get that far.
Oh, you'll never get to heaven
In a Rolls Royce car.
'Cos a Rolls Royce car won't get that far.
I'm not going to moan a lot anymore.*

Chorus

*Oh, you'll never get to heaven
In a box of candles.
'Cos a box of candles hasn't got any handles.
Oh, you'll never get to heaven
In a box of candles.
'Cos a box of candles hasn't got any handles.
I'm not going to moan a lot anymore.*

Chorus

L

get to, heaven, cos/'cause: because, boy scout's knee, knobbly, Rolls Royce car, far, candle, handle

- Führen Sie diese Vokabeln schauspielerisch/mit Abbildungen ein.
- Bereiten Sie Reimwörter vor, die die Vorschläge aus der Klasse ergänzen können, z.B.:
  knee/knobbly, bear/care, seat/heat, cow/now, car/far, car/bar, bus/fuss, school/fool, pears/stairs, boy/toy, candles/handles, taxi/free
- Sie brauchen für jeden S eine Kopie des ABL.
- CC oder CD einlegen.

S

- ABL, Schreibzeug, Farbstifte

Über dieses Lied

Wenn beim Zelten oder bei längeren Reisen gesungen wird, ist dieses Lied bestimmt dabei. Jeder kennt es und alle haben immer Spaß daran, das Spiel mit den Reimwörtern unendlich fortzusetzen.

Vorschläge für den Unterricht

- Die S hören das Lied (etwa zweimal) und bearbeiten dabei die Leiste oben auf dem ABL.
- Ergebnisse vergleichen lassen und miteinander besprechen.

Aufgabe 1

1. Schreiben Sie einige Reime an die Tafel. Lassen Sie die S weitere Beispiele für Reimwörter finden. Das ABL hilft.
2. Welche anderen Reime fallen den S ein? Sammeln Sie die Vorschläge an der Tafel. Schreiben Sie Wörter an die Tafel, zu denen die S Reime finden können.
3. Die Reime an der Tafel stehen lassen für die weitere Arbeit.

Aufgabe 2

1. Haben Sie alle oben genannten Vokabeln eingeführt?
2. Die Klasse hört sich das Lied an und Sie fragen: *Why will you never get to heaven on a boy scout's knee?* Die S entnehmen Antworten aus dem Text.
3. Halten Sie die Antworten an der Tafel fest:

   *a boy scout's knee ... is too knobbly
   a Rolls Royce car ... won't get that far
   a box of candles ... hasn't got any handles*

4. Lassen Sie die S das Lied mitsingen.

Aufgabe 3

1. Die Klasse teilt sich in Gruppen auf (vier S oder weniger).
2. Jede Gruppe erfindet eine zusätzliche Strophe zu dem Lied. Beispiel-Reime stehen an der Tafel.
3. Lassen Sie den S genügend Zeit und helfen Sie währenddessen in den einzelnen Gruppen: Sind die Texte angemessen? Stimmt der Rhythmus?
4. Die S malen Bilder zu ihren Strophen auf ihr ABL.
5. Jede Gruppe singt ihre Strophe der Klasse vor.

Weitere Aufgaben

Die S stellen ein Poster mit Bildern (Bild-Paaren!) zu Reimwörtern zusammen.

Oh, You'll Never Get to Heaven

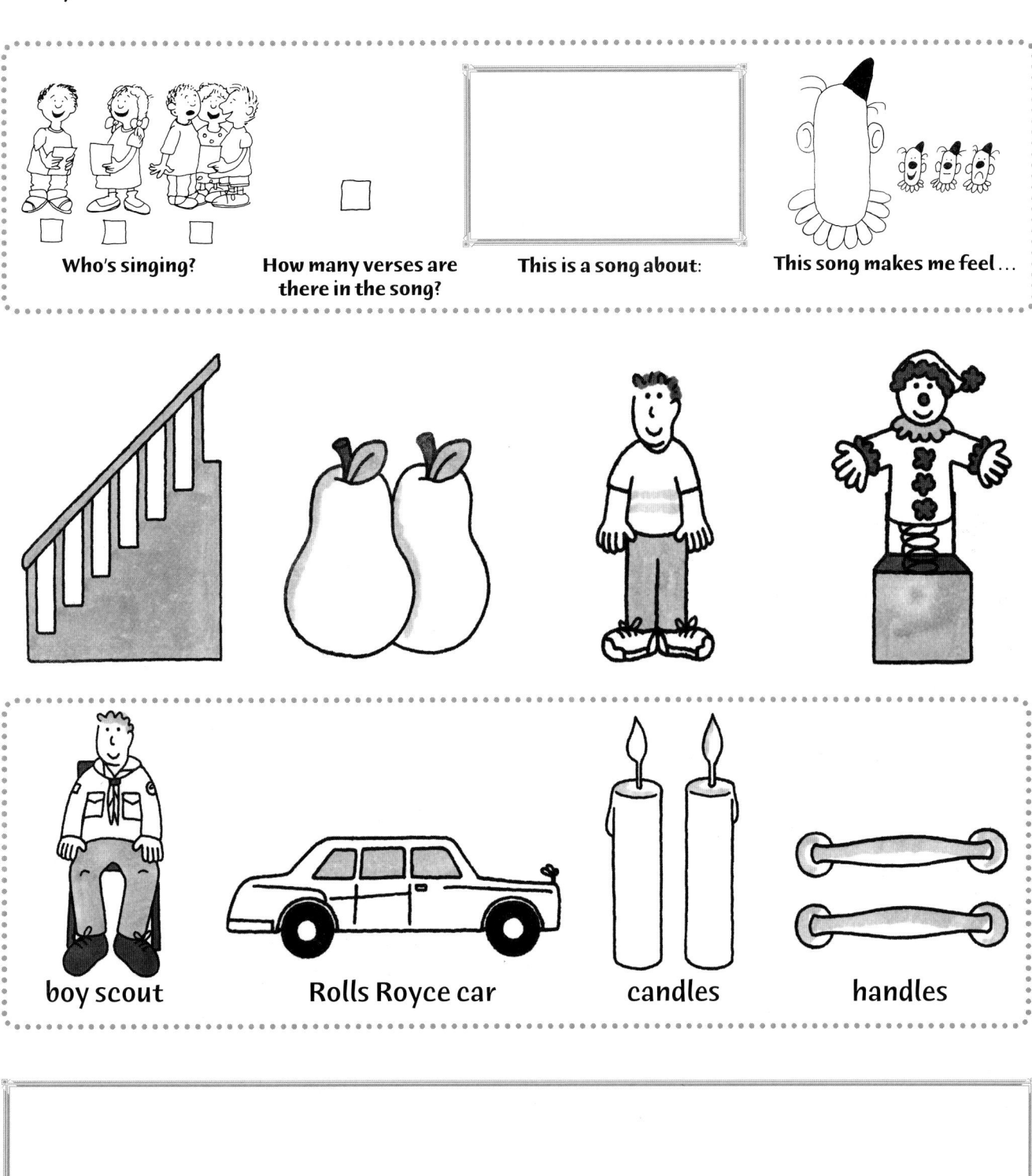

Who's singing?   How many verses are there in the song?   This is a song about: This song makes me feel…

boy scout   Rolls Royce car   candles   handles

The Bear Hunt

Text

We're going on a bear hunt.
We're going to catch a big one!
I'm not scared. What a beautiful day!
Oh, no!
Grass. Grass. Tall wavy grass.
We can't go under it …
We can't go over it …
We'll have to go through it.
Sh, sh, sh, sh, sh.

We're going on a bear hunt.
We're going to catch a big one!
I'm not scared. What a beautiful day!
Oh, no!
Trees. Trees. Big tall trees.
We can't go under them …
We can't go through them …
We'll have to go over them.
Click, click, click, click, click.

We're going on a bear hunt.
We're going to catch a big one!
I'm not scared. What a beautiful day!
Oh, no!
Mud. Mud. Thick squelchy mud.
We can't go under it …
We can't go over it …
We'll have to go through it.
Slurp, slurp, slurp, slurp, slurp.

We're going on a bear hunt.
We're going to catch a big one!
I'm not scared. What a beautiful day!
Oh, no!
A cave. A cave. A dark gloomy cave.
We can't go under it …
We can't go over it …
We'll have to go through it.
Plop, plop, plop, plop, plop.

Two black furry ears …
One black wet nose …
Two sharp pointed teeth …
It's a bear! It's a bear!
Quick, run back!
Back through the cave, plop, …
Back through the mud, slurp, …
Back over the trees, click, …
Back through the grass, sh, …
Quick back home!
SLAM the door!

Über dieses Lied

Ein „Echo"-Lied – eine Überraschung für die Zuhörer. Das Lied wird also nicht weiter vorbereitet. Die *Setting of the Song Scene-activity* können Sie diesmal als „Nachbereitung" einsetzen.

Vorschläge für den Unterricht

- Die S hören das Lied (etwa zweimal) und bearbeiten dabei die Leiste oben auf dem ABL.
- Ergebnisse vergleichen lassen und miteinander besprechen.

L

bear hunt, grass, mud, cave, tall, wavy, big, thick, squelchy, dark, gloomy, sharp, pointed

- Vokabeln über Schauspielerei/Abbildungen einführen.
- Hören Sie sich das Lied genau an. Bereiten Sie sich gut auf das „Echo" vor: Üben Sie die *actions* und Geräusche vor dem „Ernstfall" im Unterricht.
  Actions/Geräusche zu den einzelnen Strophen (die S können dabei von Anfang an mitmachen):
  1. *tall wavy:* Mit erhobenen Händen die Bewegung von Gras nachahmen: *sh, sh, sh, sh, sh*
  2. *big tall trees:* Hände und Arme weit ausstrecken, dabei zu den hohen Bäumen aufblicken. *Click, click, click, click, click:* mit dem Mund.
  3. *thick squelchy mud:* Sie ziehen Ihre Hände aus einer klebrigen Masse. Sauggeräusch: Luft geräuschvoll durch die Zähne einziehen.
  4. *a dark gloomy cave:* Sie gehen angstvoll durch eine Höhle: Fünfmal mit der Zunge schnalzen.
  5. Und bei Strophe 5 – auf dem Rückweg – werden natürlich alle Bewegungen und Geräusche in umgekehrter Reihenfolge wiederholt!
     Quick back home. SLAM the door: In die Hände klatschen.
- Sie brauchen für jeden S eine Kopie des ABL.
- CC oder CD einlegen.

S

- ABL, Schreibzeug, Farbstifte

Aufgabe 1

1. Führen Sie die oben angegebenen Vokabeln ein.
2. *What's this?* Ein kleiner Test: Zeigen Sie Abbildungen zu den Vokabeln – die S antworten.

Aufgabe 2

1. Die S sind das „Echo" des Vorsängers: So wie Sie die *actions* und Geräusche vorspielen, sollen die S sie nachahmen:
   If I shout, you must shout.
   If I whisper, you must whisper …
2. Singen/spielen Sie das Lied zusammen.

Aufgabe 3

1. Noch einmal wird das Lied gemeinsam gesungen. Doch jetzt stoppen Sie die Cassette/CD nach jeder Strophe und lassen die S (in den entsprechenden Feldern auf dem ABL) Bilder zu den Strophen malen.
2. Zum Abschluss wird noch einmal ausgiebig gesungen und gespielt.

Weitere Aufgaben

1. Ein neues Lied: Vielleicht wollt ihr von einem ganz anderen Tier singen? Wo bewegt es sich?
2. Sammeln Sie gemeinsam Adjektive für die Beschreibungen in dem neuen Lied.

The Bear Hunt

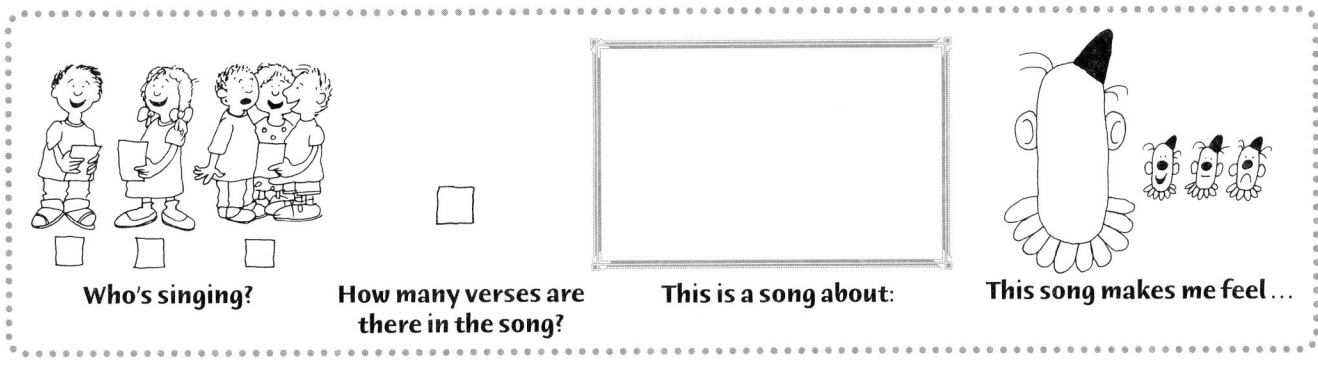

Who's singing? | How many verses are there in the song? | This is a song about: | This song makes me feel …

There Was an Old Woman Who Swallowed a Fly

Text

There was an old woman who swallowed a fly;
I don't know why she swallowed a fly!
Perhaps she'll die.

There was an old woman who swallowed a spider;
That wriggled and wriggled and wriggled inside her!
She swallowed the spider to catch the fly,
I don't know why she swallowed a fly!
Perhaps she'll die.

There was an old woman who swallowed a bird;
How absurd to swallow a bird!
She swallowed the bird to catch the spider,
She swallowed the spider to catch the fly,
I don't know why she swallowed a fly!
Perhaps she'll die.

There was an old woman who swallowed a cat;
What about that! She swallowed a cat!
She swallowed the cat to catch the bird,
She swallowed the bird to catch the spider,
She swallowed the spider to catch the fly,
I don't know why she swallowed a fly!
Perhaps she'll die.

There was an old woman who swallowed a dog;
What a hog to swallow a dog!
She swallowed the dog to catch the cat,
She swallowed the cat to catch the bird,
She swallowed the bird to catch the spider,
She swallowed the spider to catch the fly,
I don't know why she swallowed a fly!
Perhaps she'll die.

There was an old woman who swallowed a cow;
She can't stop now she swallowed a cow!
She swallowed the cow to catch the dog,
She swallowed the dog to catch the cat,
She swallowed the cat to catch the bird,
She swallowed the bird to catch the spider,
She swallowed the spider to catch the fly,
I don't know why she swallowed a fly!
Perhaps she'll die.

There was an old woman who swallowed a horse;
She's dead, of course.

Über dieses Lied

Ein „Unsinn-Lied", das die S zu vielen Variationen inspirieren wird.

L

fly, spider, horse, swallow, wriggle, perhaps, die

- Führen sie über Fotos/Abbildungen/Mimik/Übersetzung die unbekannten Vokabeln ein.
- Sorgen Sie dafür, daß die S Scheren zur Verfügung haben. Oder lassen Sie die Karten auf dem ABL zu Hause ausschneiden.
- Sie brauchen für jeden S eine Kopie des ABL.
- CC oder CD einlegen.

S

- ABL, Schreibzeug, Farbstifte, Scheren

Vorschläge für den Unterricht

- Die S hören das Lied (etwa zweimal) und bearbeiten dabei die Leiste oben auf dem ABL.
- Ergebnisse vergleichen lassen und miteinander besprechen.

Aufgabe 1

1. Führen Sie noch unbekannte Vokabeln ein.
2. Die S schneiden die Karten auf dem ABL aus. Kündigen Sie das Lied an: Versucht zu hören, worum es in dem Lied geht.
3. Lassen Sie die S das Lied zunächst (zweimal) anhören.
4. Beim nächsten Hören sollen die S ihre Karten entsprechend der Abfolge im Liedtext auslegen:
   You'll hear the song twice. Start with the fly.

Aufgabe 2

1. Jede Karte hat eine Freizeile. Die S hören das Lied noch einmal strophenweise. Dabei achten sie besonders auf die zu Beginn der Strophen erwähnten Tiere (jeweils die Cassette/CD stoppen).
2. Diese Tiernamen werden unter die Abbildungen geschrieben. Sie können die Tafel zu Hilfe nehmen.
3. Am Ende singen die S das Lied. Dabei helfen die „Lösungskarten".

Weitere Aufgaben

1. Probieren Sie mit der Klasse ein anderes Lied nach dem Muster von *There Was an Old Woman* … zu schreiben.
2. Gespräch über die im Lied vorkommenden Tiere. Welche Tiere sind Jäger/Fleischfresser, welche nicht: *Do cows eat dogs?*

There Was an Old Woman Who Swallowed a Fly

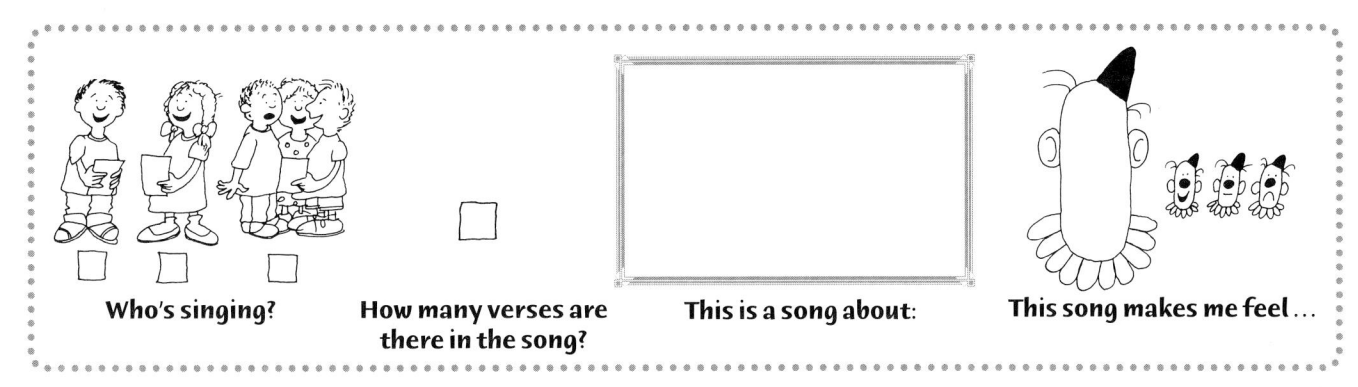

Who's singing?   How many verses are there in the song?   This is a song about: This song makes me feel…

Hello Goodbye

Text

You say yes,
I say no,
You say stop
And I say go, go, go.
Oh, no.
You say goodbye
And I say hello.
Hello, hello.
I don't know why
You say goodbye,
I say hello.
Hello, hello.
I don't know why
You say goodbye.
I say hello.

I say high,
You say low,
You say why
And I say
I don't know.
Oh, no.
You say goodbye
And I say hello.
Hello, hello.
I don't know why
You say goodbye.
I say hello.
Hello, hello.
I don't know why
You say goodbye.
I say hello.

Über dieses Lied

Ein Beatles-Song.

L

high, low

- Sie brauchen für jeden S eine Kopie des ABL.
- CC oder CD einlegen.

S

- ABL, Schreibzeug, Farbstifte

Vorschläge für den Unterricht

- Die S hören das Lied (etwa zweimal) und bearbeiten dabei die Leiste oben auf dem ABL.
- Ergebnisse vergleichen lassen und miteinander besprechen.

Aufgabe 1

1. Führen Sie die Vokabeln ein, die in der Klasse noch nicht bekannt sind.
2. Lassen Sie die S Gegensätze nennen. Schreiben Sie Beispiele aus dem Lied an die Tafel:
   big/small, old/young, yes/no
3. Die S hören das Lied und achten besonders auf Gegensätze. Mögliche Antworten:
   yes/no, stop/go, Hello/Goodbye, high/low.

Aufgabe 2

1. Jeder S bekommt eine Nummer (zwischen 1 und 12).
2. Lassen Sie die S auf dem ABL das zu ihrer Nummer gehörige Wort aufsuchen (6: *stop* …)
3. Wenn sie jetzt das Lied wieder hören, sollen die S aufpassen, wie oft ihr Wort im Text vorkommt. Die entsprechende Zahl tragen sie in das leere Feld auf dem ABL ein.
4. Alle Schüler mit derselben Nummer vergleichen ihre Ergebnisse.
5. Übertragen Sie das ABL auf die Tafel. Die Gruppen sagen an, wie oft ihr Wort im Text vorkommt:

   yes (1)   say (20)   hello (14)   high (1)
   why (5)   stop (1)   goodbye (6)   don't (5)
   no (3)   go (3)   low (1)   I (15)

6. Alle S tragen die richtigen Zahlen in die freien Felder auf der Kopie ein.
7. Und schließlich singen alle zusammen das Lied!

Weitere Aufgaben

1. Kopieren Sie den Liedtext einige Male, zerschneiden Sie den Text in Einzelzeilen. Verteilen Sie je einen zerschnittenen Text an eine Gruppe. Lassen Sie die S versuchen beim Hören des Liedes den Text wieder zusammenzusetzen. Dazu müssen Sie das Lied etwa viermal vorspielen, damit alle die Aufgabe erledigen können.
2. Verteilen Sie das Lied als Lückentext, indem Sie sechs bis acht Wörter löschen. Spielen Sie das Lied vor. Lassen Sie die S den Text singen, dabei die fehlenden Wörter finden und in die Lücken schreiben. Dann wird das Lied gesungen.

Hello Goodbye

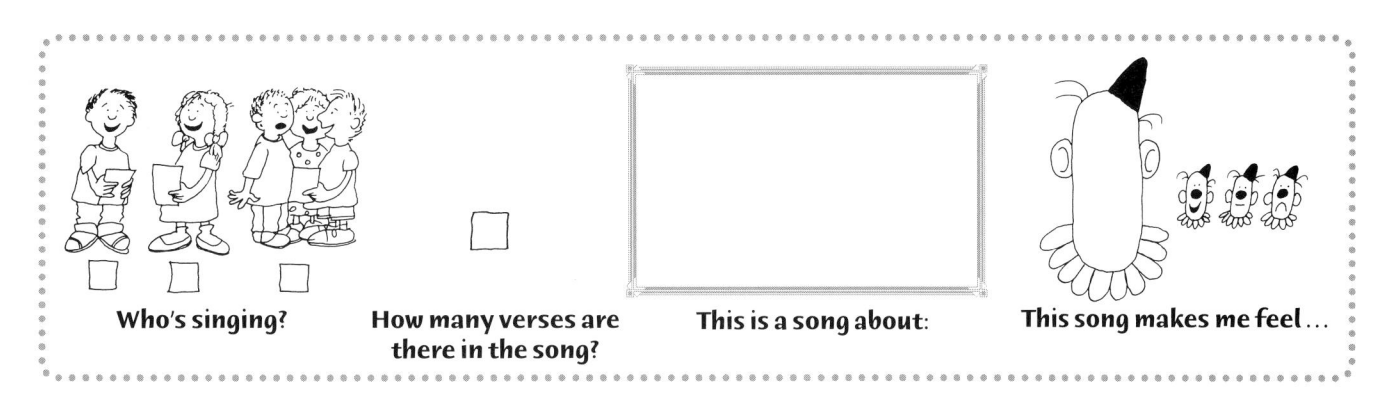

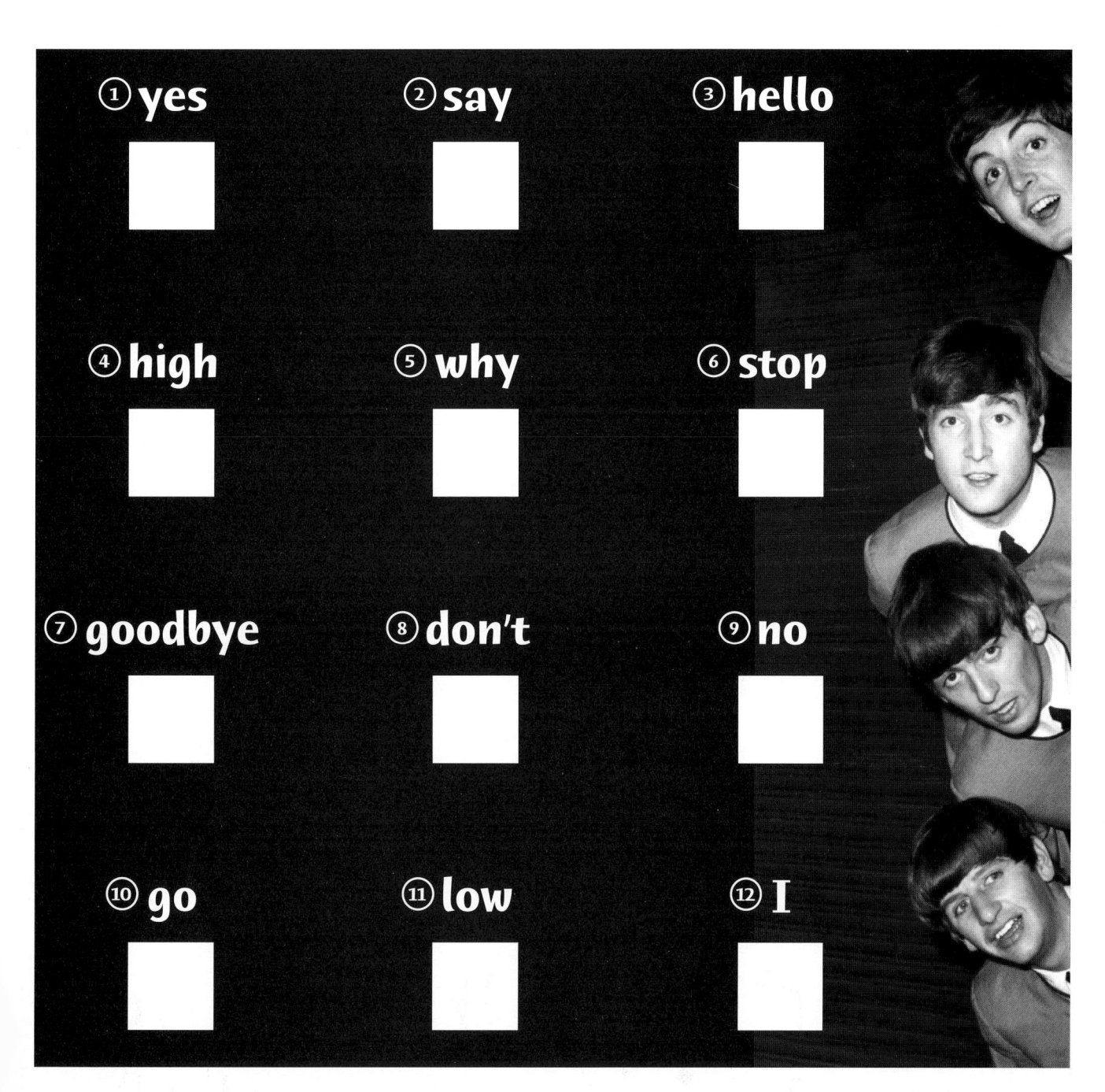

Who's singing? How many verses are there in the song? This is a song about: This song makes me feel...

① yes
② say
③ hello
④ high
⑤ why
⑥ stop
⑦ goodbye
⑧ don't
⑨ no
⑩ go
⑪ low
⑫ I

When Santa Got Stuck up the Chimney

Text

When Santa got stuck up the chimney,
He began to shout:
"You girls and boys
Won't get any toys,
If you don't pull me out!
There's soot in my sack,
And soot in my hat,
And soot in my whiskers, too!"
When Santa got stuck up the chimney.
Achoo! Achoo! Achoo!

Über dieses Lied

Ein humorvolles Weihnachtslied, das sich gut dramatisieren lässt - vielleicht bei Ihrer Weihnachtsfeier?.

L

Santa, stuck, chimney, shout, soot, sack, whiskers

- Die neuen Vokabeln können Sie mit Abbildungen und entsprechender Mimik und Gestik einführen.
- Sie brauchen für jeden S eine Kopie des ABL.
- CC oder CD einlegen.

S

- ABL, Schreibzeug, Farbstifte

Vorschläge für den Unterricht

- Die S hören das Lied (etwa zweimal) und bearbeiten dabei die Leiste oben auf dem ABL.
- Ergebnisse vergleichen lassen und miteinander besprechen.

Aufgabe 1

1. Führen Sie die neuen Vokabeln ein.
2. Ziehen Sie Abbildungen von *chimney, soot, sack* (den Sack hochheben!), *Santa, whiskers* aus Ihrem Sack/Ihrer Tasche und lassen Sie die S die Vokabeln sprechen.
3. Wiederholen Sie das einige Male, sodass alle die neuen Vokabeln sprechen können.

Aufgabe 2

1. Hören Sie jetzt das Lied. Die S bekommen die Aufgabe, die Abbildungen auf dem ABL dem Text zuzuordnen.
2. Spielen Sie das Lied einige Male vor. Die S nummerieren dabei die Abbildungen.
   Lösung: 1=D, 2=A, 3=F, 4=E, 5=G, 6=C, 7=B.

Aufgabe 3

1. Die Klasse teilt sich in zehn Gruppen auf.
2. Schreiben Sie die zehn Zeilen des Liedes an die Tafel. Jeder Gruppe wird eine Zeile zugeteilt.

    1 When Santa got stuck up the chimney,
    2 He began to shout:
    3 "You girls and boys
    4 Won't get any toys,
    5 If you don't pull me out!
    6 There's soot in my sack,
    7 And soot in my hat,
    8 And soot in my whiskers, too!"
    9 When Santa got stuck up the chimney.
    10 Achoo! Achoo! Achoo!

3. Jede Gruppe überlegt, wie sie ihren Text vorspielen kann. Lassen Sie genügend Zeit zum Proben.
4. Dann kommt die Aufführung: Gemeinsam singt die Klasse das Lied. Die einzelnen Gruppen agieren dabei entsprechend ihrem Text.

Weitere Aufgaben

1. Was hat Santa in seinem Sack: *What toys are in the sack?* Oder was ist sonst noch drin? Stellen Sie mit den S eine Liste zusammen.
2. Lassen Sie Ihre Schüler einen Wunschzettel schreiben.

When Santa Got Stuck up the Chimney

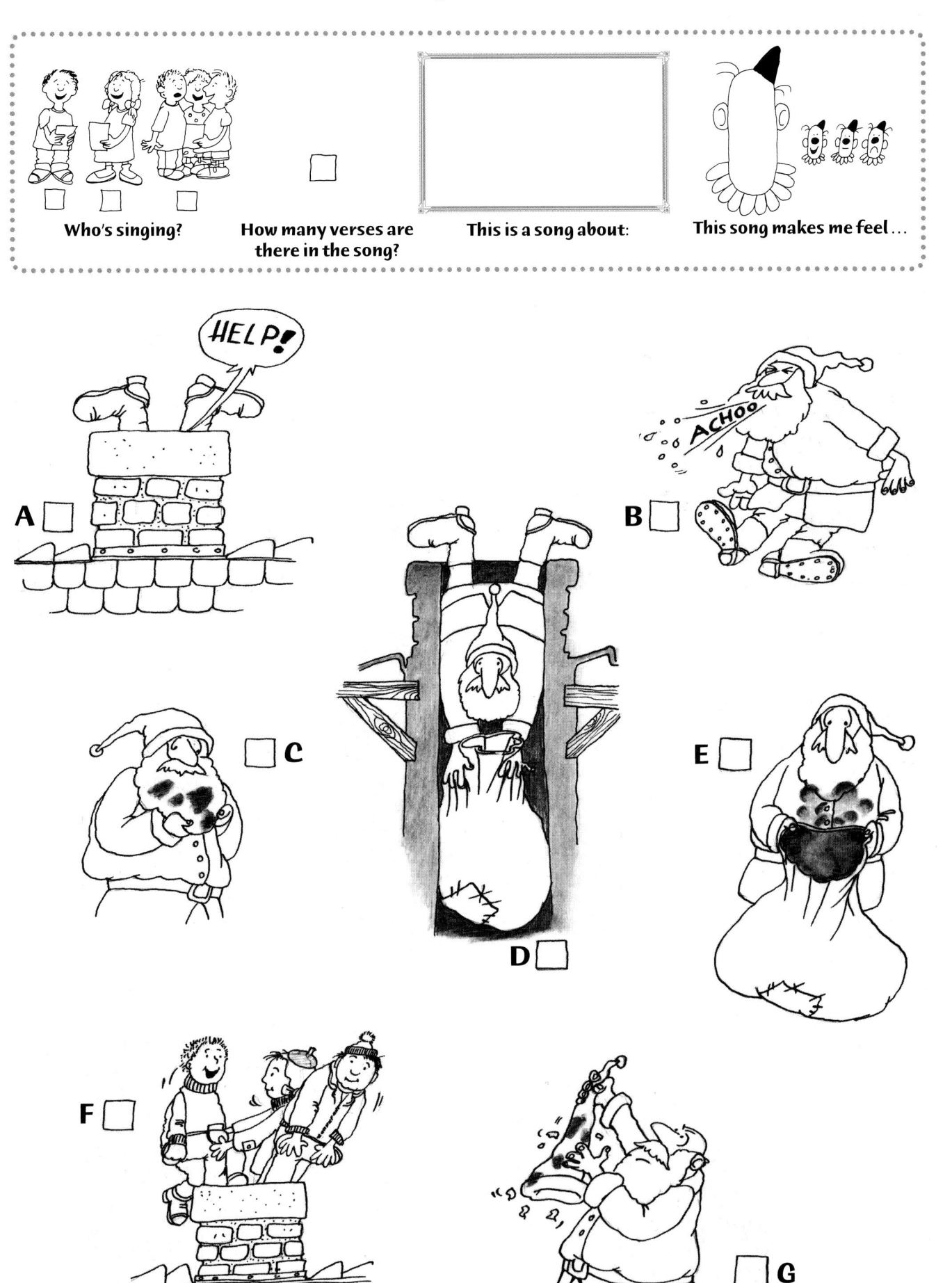

Who's singing? How many verses are there in the song? This is a song about: This song makes me feel…

A

B

C

D

E

F

G

The Music Man

Text

Leader:
I am a music man,
I come from far away,
And I can play.

All:
What can you play?

Leader:
I play piano.

All:
Pi-a, pi-a, pi-a-no,
Pi-a-no, pi-a-no,
Pi-a, pi-a, pi-a-no,
Pia, pi-a-no.

Leader:
I am a music man …

All:
What can you play?

Leader:
I play the big drum.

All:
Boom-e-di, boom-e-di, boom-e-di-boom,
Boom-e-di-boom, boom-e-di-boom,
Boom-e-di, boom-e-di, boom-e-di-boom,
Boom-e-di-boom, boom-e-di-boom.
Pi-a, pi-a, pi-a-no,
Pi-a-no, pi-a-no,
Pi-a, pi-a, pi-a-no,
Pia, pi-a-no.

Leader:
I am a music man …

All:
What can you play?

Leader:
I play the trumpet.

All:
Toot-ti, toot-ti, toot-ti-toot,
Toot-ti-toot, toot-ti-toot,
Toot-ti, toot-ti, toot-ti-toot,
Toot-ti, toot-ti-toot.
Boom-e-di, boom-e-di,
Boom-e-di-boom, etc.
Pi-a, pi-a, pi-a-no, etc.

Über dieses Lied

Bei diesem Lied lernen die Kinder auf spielerische Weise die Namen von Musikinstrumenten kennen. Der Rede/Antwort-Text eignet sich besonders gut für die Arbeit in der Klasse, er motiviert die S eigene Verse zu schmieden.

Vorschläge für den Unterricht

- Die S hören das Lied (etwa zweimal) und bearbeiten dabei die Leiste oben auf dem ABL.
- Ergebnisse vergleichen lassen und miteinander besprechen.

L

music, violin, piano, guitar, trumpet, piccolo, big drum, cymbals, double bass

- Machen Sie die S mit Instrumentennamen vertraut.
- Benutzen Sie dazu Abbildungen bzw. das ABL.
- Sie brauchen für jeden S eine Kopie des ABL.
- CC oder CD einlegen.

S

- ABL, Schreibzeug, Farbstifte

Aufgabe 1

1. Bringen Sie Abbildungen von Musikinstrumenten mit in die Klasse. Welche Instrumente kennen die S? Sind ihnen auch schon die englischen Namen vertraut? Welche weiteren Instrumente gibt es? Schreiben Sie alle erarbeiteten Namen an die Tafel.
2. Lassen Sie die S Musikinstrumente imitieren.

Aufgabe 2

1. Die S versuchen die Abbildungen auf dem ABL zu identifizieren.
2. Sie schreiben die Namen unter die Abbildungen.
3. Wer kann eines dieser Instrumente spielen? Spielt jemand ein Instrument, das nicht abgebildet ist? Schreiben Sie entsprechende Namen auch an die Tafel.

Aufgabe 3

1. Jetzt hören alle zusammen das Lied noch einmal.
2. Wie wird das Lied auf der Cassette/CD gesungen? (Einer singt vor, alle anderen antworten im Chor.)
3. Jetzt schließt sich die Klasse dem Chor an: Achtet auf den Vorsänger. Wenn der Chor antwortet, singt ihr mit. Dabei müssen Sie evtl. helfen: Finger vom Mund nehmen, wenn die S einsetzen sollen. Das üben Sie am besten mehrmals.
4. Anschließend teilt sich die Klasse in drei bis vier Gruppen auf. Jede Gruppe wählt eines der Instrumente auf dem ABL aus. Pro Gruppe wird ein *leader* bestimmt: Er/Sie singt vor, die anderen sind der Chor. Genügend lange proben lassen.
5. Jede Gruppe singt ihre Strophe vor.
6. Die Strophen werden aufgeschrieben (unten auf dem ABL), damit sie beim nächsten Mal wieder mitgesungen werden können.

Weitere Aufgaben

1. Vielleicht können die S Fotos mitbringen, auf denen sie beim Musizieren zu sehen sind – oder auch Fotos von anderen Musikern. Die S machen daraus eine Ausstellung und beschriften die Instrumente.
2. Lassen Sie weitere Fotos, auch von ungewöhnlichen Musikinstrumenten, mitbringen. So kann jede Woche eine weitere Strophe entstehen.

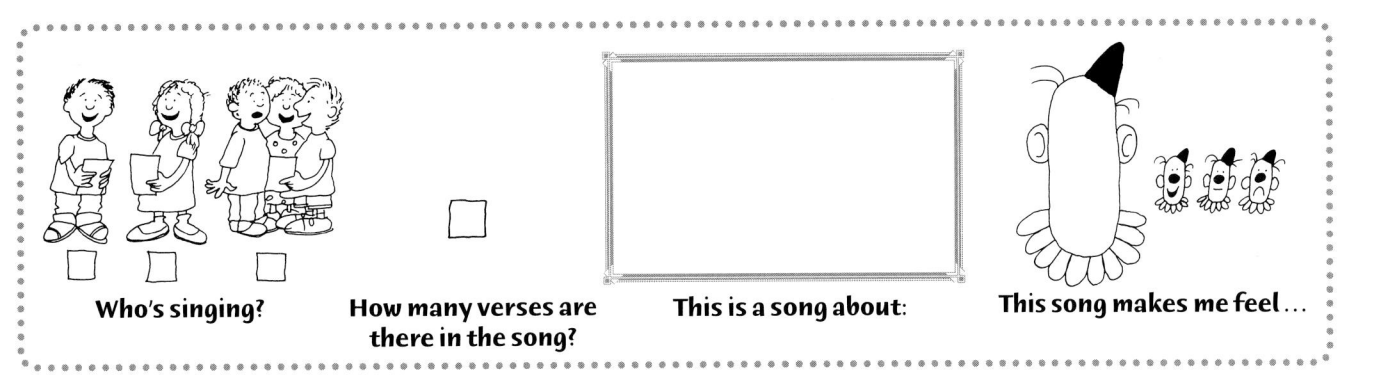

The Music Man

Who's singing? | How many verses are there in the song? | This is a song about: | This song makes me feel…

Look Outside Your Window

Text

Look outside your window,
See what the weather's like today.
Look outside your window,
See what the weather's like.

If the rain is pouring down outside
And you want to go out and play.
You'll need an umbrella and
wellington boots,
You'll need a rainhat and a raincoat,
To play on a rainy day.

Chorus

If the snow is falling down outside
And you want to go out and play,
You'll need your gloves and scarf,
You'll need a coat and a jumper,
To play on a snowy day.

Chorus

If the sun is shining down outside
And you want to go out and play,
You'll need your shorts and a T-shirt,
You'll need your sun tan lotion,
To play on a sunny day.

Chorus

Über dieses Lied

The English weather – what to wear? Das Lied wird Ihnen als Einstieg (oder auch als Wiederholung) zu diesem beherrschenden Gesprächsthema bestimmt willkommen sein.

L

outside, window, weather, pour, umbrella, wellington boots, rainhat, raincoat, snow, fall, gloves, scarf, coat, jumper, sun, shine, shorts, T-shirt, sun tan lotion

- Die neuen Vokabeln lassen sich über Abbildungen (u. a. auf dem ABL) und gestische Hilfen einführen. Sie können natürlich auch einige Gegenstände mitbringen: Gummistiefel, Regenschirm etc.
- Haben Sie eine Möglichkeit die Abbildungen an der Tafel zu befestigen?
- Sie brauchen für jeden S eine Kopie des ABL.
- CC oder CD einlegen.

S

- ABL, Schreibzeug, Farbstifte

Vorschläge für den Unterricht

- Die S hören das Lied (etwa zweimal) und bearbeiten dabei die Leiste oben auf dem ABL.
- Ergebnisse vergleichen lassen und miteinander besprechen.

Aufgabe 1

1. Führen Sie zunächst die unbekannten Vokabeln ein.
2. Schreiben Sie die Wörter an die Tafel und kleben Sie, wenn möglich, Abbildungen dazu.
3. Die S beschriften die Abbildungen auf dem ABL. Währenddessen können Sie das Lied wieder vorspielen.

Aufgabe 2

Während die Cassette/CD weiter läuft, lassen Sie die S auf ihrem ABL Abbildungen unterschiedlichen Wetters mit jeweils passender Kleidung verbinden: *What do you wear, when it rains/when the sun shines …? Join weather and things to wear on your worksheet.*

Aufgabe 3

1. Besprechen Sie anschließend die Aufgabe miteinander in der Klasse. *What clothes do you need for snow, rain …?* Sammeln Sie die Lösungen an der Tafel:

   rain: wellington boots, …
   snow: gloves, scarf, coat, jumper, …
   sun: shorts, T-shirt, …
   …

2. Üben Sie jetzt mit der Klasse das Lied ein. Die S haben dabei das ABL vorliegen.
3. Die Klasse teilt sich in drei Gruppen auf. Jede Gruppe nimmt sich eine der Strophen vor und übt sich während des Singens dem Text entsprechend anzuziehen.
4. Die Ergebnisse werden in der Klasse vorgeführt. Den Refrain singen dabei immer alle S zusammen.
5. Kennen die S noch andere Wetter? Sammeln Sie entsprechende englische Bezeichnungen an der Tafel:
   windy, foggy, …
6. Die S formulieren, welche Kleidung sie bei welchem Wetter tragen würden.
7. Zum Abschluss noch einmal singen!

Weitere Aufgaben

1. Richten Sie einen Wetterdienst ein. Lassen Sie die S in den folgenden Stunden immer aufschreiben: *What's the weather like today? Look outside the window.*
2. Ein S zieht sich an – die anderen sollen erraten, was für welches Wetter da angezogen wird (evtl. in Gruppen).

Look Outside Your Window

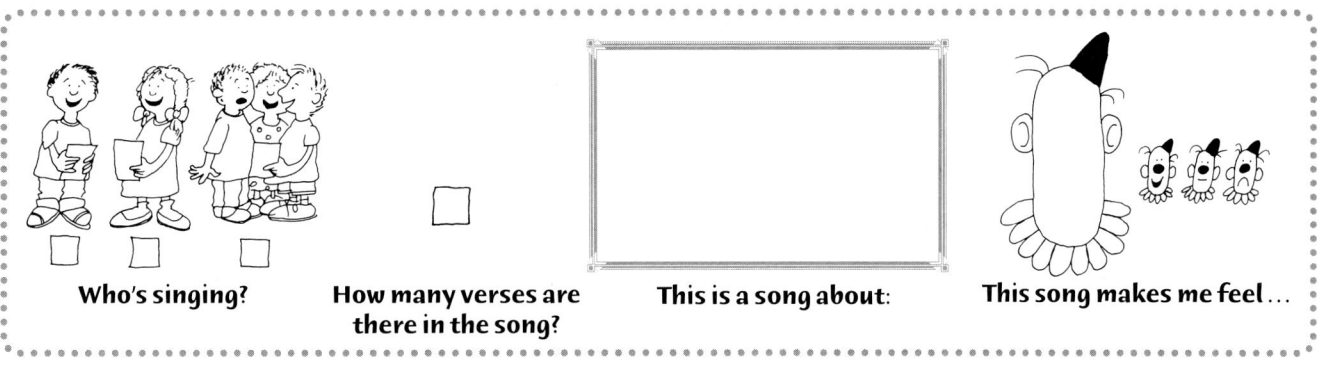

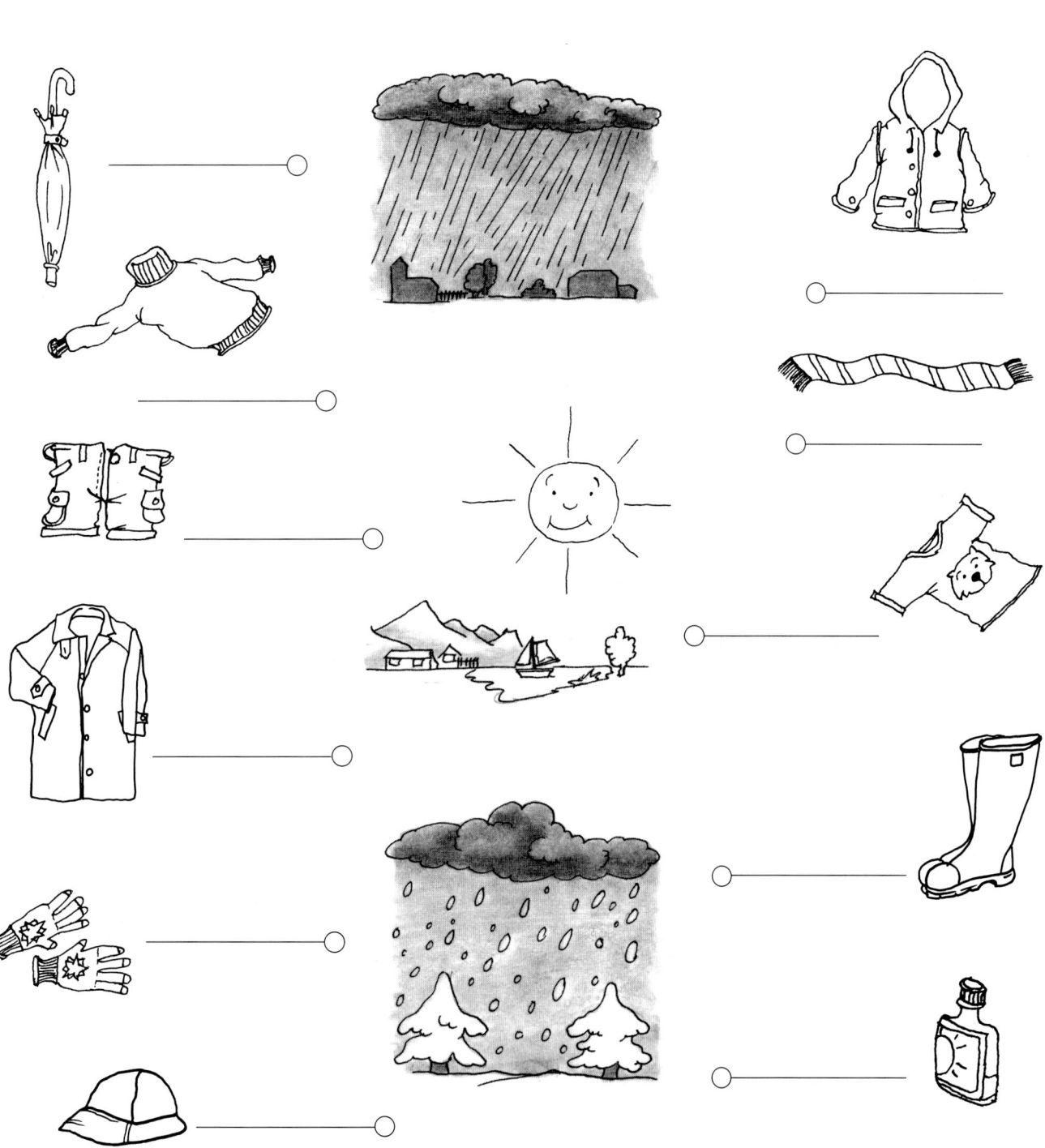

Who's singing? | How many verses are there in the song? | This is a song about: | This song makes me feel …

Rudolph the Red-nosed Reindeer©

Text

Rudolph, the red-nosed reindeer,
Had a very shiny nose;
And if you ever saw it,
You would even say it glows.
All of the other reindeer
Used to laugh and call him names,
They never let poor Rudolph
Join in any reindeer games.

Then one foggy Christmas Eve,
Santa came to say:
"Rudolph, with your nose so bright,
Won't you guide my sleigh tonight?"
Then how the reindeer loved him
As they shouted out with glee:
"Rudolph, the red-nosed reindeer,
You'll go down in history."

Über dieses Lied

Dieses nicht nur in der englischsprachigen Welt so populäre Weihnachtslied kennen Ihre Schüler vielleicht schon? Ein guter Gesprächsanlass für die Außenseiterproblematik. Wie würden sich die S in Rudolphs Situation fühlen?

L

nose, reindeer, shiny, glow, foggy, Santa (Claus), sleigh, history

- Nehmen Sie eine passende Weihnachtsillustration zu *Santa* auf seinem Rentierschlitten mit in den Unterricht (englische Weihnachtspostkarten?), eine große rote Nase (Faschingsutensilien?), etwas Leuchtendes (Taschenlampe?) und eine Abbildung mit Nebel. So können Sie die neuen Vokabeln ganz plastisch einführen.
- *Santa (Claus)* bzw. *Father Christmas* sind die amerikanischen/englischen Namen für den Weihnachtsmann. Wissen das die S?
- Sie brauchen für jeden S eine Kopie des ABL.
- CC oder CD einlegen.

S

- ABL, Schreibzeug, Farbstifte

Vorschläge für den Unterricht

- Die S hören das Lied (etwa zweimal) und bearbeiten dabei die Leiste oben auf dem ABL.
- Ergebnisse vergleichen lassen und miteinander besprechen.

Aufgabe 1

1. Führen Sie *red nose, reindeer, foggy, Santa (Claus), sleigh* ein wie oben vorgeschlagen (an die Tafel schreiben).
2. Die S übertragen diese Wörter auf ihr ABL.
3. Die Lösungen werden miteinander besprochen, evtl. korrigieren (Musterlösung zum Zeigen bereithalten).

Aufgabe 2

1. Setzen Sie Ihre Taschenlampe/eine Kindernachtlampe in Aktion.
2. Wozu braucht ihr ein Nachtlicht/eine Taschenlampe? Was für eine Wirkung hat es/sie? *It glows!* (Tafel)
3. *What else glows?* Was fällt den S dazu ein? (Kerze, Fahrradlicht, Kohle …). Bieten Sie englische Vokabeln dazu an (an die Tafel schreiben, wieder löschen vor der nächsten Aufgabe).
4. *What glows?* Lassen Sie die S diese Aufgabe auf dem ABL in Partnerarbeit bearbeiten.
5. Die Partner mit den meisten Beispielen lesen vor, die anderen vergleichen. Schreiben Sie alle genannten Beispiele an die Tafel. *Do all of them glow?* Gemeinsam besprechen.
6. Haben einige S Beispiele gefunden, die noch nicht an der Tafel stehen? (Tafelbild evtl. ergänzen) Gibt es ein „Gewinnerpaar"?
7. Alle S ergänzen die Liste auf dem ABL nach dem Tafelbild.

Aufgabe 3

1. Die Klasse teilt sich auf in sechs Gruppen. Jede Gruppe übernimmt eines der folgenden Wörter: *Rudolph, nose, reindeer, sleigh, glows, Santa.*
2. Die S hören gemeinsam zweimal das Lied. Jede Gruppe achtet darauf, wie oft ihr Wort im Text vorkommt. Überprüfen Sie die Ergebnisse. Lassen Sie die S die richtigen Zahlen auf ihrem ABL eintragen. Lösung: *Rudolph (4), nose (2), reindeer (5), sleigh (1), glows (1), Santa (1).*
3. Die S singen gemeinsam das Lied: bei „ihrem" Wort sollen sie jeweils aufstehen und sich dann sofort wieder setzen. Mindestens zweimal wiederholen, für die S ist das gar nicht so einfach.
4. Diese Übung kann variiert werden, indem sich die Gruppen je ein anderes Wort auswählen, bei dem sie aufstehen.

Weitere Aufgaben

1. Welche Weihnachtslieder kennt die Klasse? Welches Lied singen die S am liebsten? Abstimmen lassen – und singen!
2. Welche unterschiedlichen Schlittentypen kennen die S? *What pulls/pushes them?* Können Sie Abbildungen dazu mitbringen? *dog-sled, bob sleigh* etc.

© 1949 by SAINT NICHOLAS MUSIC PUBL./CHAPPELL & CO INC./WARNER CHAPPELL INTERN. MUSIC PUBL. LTD. für Deutschland, GUS und osteuropäische Länder: CHAPPELL & CO GMBH, Hambur

Rudolph the Red-nosed Reindeer

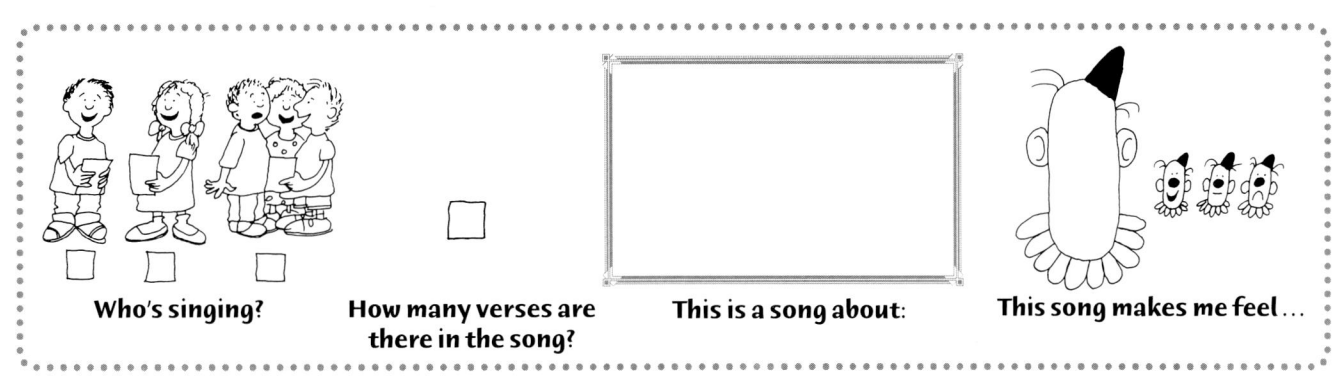

Who's singing? | How many verses are there in the song? | This is a song about: | This song makes me feel...

What glows?

1. _____
2. _____
3. _____
4. _____
5. _____
6. _____
7. _____
8. _____
9. _____
10. _____

Rudolph ○
nose ○
reindeer ○
sleigh ○
glows ○
foggy ○

There's a Hole in My Bucket

Text

There's a hole in my bucket,
Dear Liza, dear Liza,
There's a hole in my bucket,
Dear Liza, a hole.

Then mend it, dear Henry,
Dear Henry, dear Henry,
Then mend it, dear Henry,
Dear Henry, mend it!

With what shall I mend it, dear Liza, …?
With a straw, dear Henry, … a straw!
The straw is too long, dear Liza, …
Then cut it, dear Henry, … cut it!
With what shall I cut it, dear Liza, …?
With a knife, dear Henry, … a knife!
The knife is too blunt, dear Liza, …
Then sharpen it, dear Henry, … sharpen it!
With what shall I sharpen it, dear Liza, …?
With a stone, dear Henry, … a stone!
The stone is too dry, dear Liza, …
Then wet it, dear Henry, … wet it!
With what shall I wet it, dear Liza, …?
With water, dear Henry, … with water!
In what shall I get it, dear Liza, …?
In a bucket, dear Henry, … a bucket!
There's a hole in my bucket,
Dear Liza, …

Über dieses Lied

Ein amerikanisches Lied, sehr gut für Rollenspiele und Partnerarbeit geeignet.

L

hole, bucket, mend, straw, cut, knife, blunt, sharpen, wet, stone, water

- Bringen Sie zur Einführung unbekannter Vokabeln entsprechendes Anschauungsmaterial mit in den Unterricht.
- Sie brauchen für jeden S eine Kopie des ABL.
- CC oder CD einlegen.

S

- ABL, Schreibzeug, Farbstifte, Scheren

Vorschläge für den Unterricht

- Die S hören das Lied (etwa zweimal) und bearbeiten dabei die Leiste oben auf dem ABL.
- Ergebnisse zusammen anschauen und miteinander besprechen.

Aufgabe 1

1. Führen Sie unbekannte Vokabeln ein: *There's a, mend it, cut it, sharpen it, wet it, get it* (Tafel).
2. Die folgenden Vokabeln möglichst mit Anschauungsmaterial vermitteln: *hole, knife, bucket, straw, stone, water* (Tafel). Führen Sie diese Vokabeln nicht in der Reihenfolge ein, wie sie im Text auftauchen, dazu bekommen die S später eine Aufgabe.
3. Die S schreiben die neuen Vokabeln auf die Karten unten auf dem ABL.
4. Dann schneiden sie die Karten aus.
5. Wisst ihr noch, in welcher Reihenfolge diese Sachen im Lied aufgetaucht sind? Die S legen die Reihenfolge aus.
6. Jetzt hören sie das Lied wieder. Wer hatte die (fast) richtige Reihenfolge?

Aufgabe 2

1. *Wet it, cut it, …* Welche weiteren Verben fallen den S dazu ein? Versuchen Sie zusammen eine Liste mit ca. 10 bis 20 Imperativen (an der Tafel) zu sammeln. Die S übertragen die Imperative auf Liste A auf ihrem ABL.
2. Schaut euch in der Klasse um: Welche der vorhandenen Sachen kann man leicht vom Fleck bewegen (*chair, book, rubber, ruler, paper, bag …*) Lassen Sie 10 bis 20 Gegenstände an der Tafel auflisten. Die Schüler schreiben diese Gegenstände auf Liste B des ABL.

Aufgabe 3

1. Während die S jetzt das Lied wieder hören, legen sie die Abbildungen in der richtigen Reihenfolge aus.
2. Versuchen Sie jetzt das Lied miteinander zu singen.
3. Die Klasse teilt sich in zwei Gruppen auf. Gruppe A übernimmt den Part von Liza, Gruppe B den von Henry.
4. Beide Gruppen singen das Lied im Dialog mit Cassetten-/CD-Begleitung.
5. Jetzt probieren wir, das Lied ohne Begleitung zu singen! Helfen Sie beim Einsatz.
6. Anschließend wiederholen die S den Dialog paarweise mit neuem Text mithilfe der beiden Listen auf dem ABL. Geben Sie folgendes Beispiel:
   There's a hole in my book, dear …
   Then mend it, dear …
   With what shall I mend it, dear …
   With the glue, dear …
   The glue is too hard, dear …
   Die S brauchen ausreichend Zeit sich zu überlegen, was repariert werden soll, warum das nicht geht, was man dagegen tun kann, bis sie wieder am Anfang angelangt sind …
7. Ihr Ergebnis – die Namen der beiden Personen in ihrem Lied, die Dinge und die Imperative – schreiben sie auf (Mitte des ABL).
8. Wer will sein Lied vorsingen?

Weitere Aufgaben

1. Vielleicht wollen die S ihr Lied auch als Rollenspiel präsentieren?
2. In einem *Hole and Bucket Songbook* könnten die S all ihre Lieder aufschreiben und illustrieren.

There's a Hole in My Bucket

Who's singing? | How many verses are there in the song? | This is a song about: | This song makes me feel...

A

B

Underneath the Sea

Text

Underneath the sea,
Far away from land,
That's were I will be,
Shaking on the sand.
Rattling in my rigging,
Dithering on my deck,
I'm just a nervous wreck!

Über dieses Lied

Ein amüsanter Kanon, der stark auf Wortspielerei basiert. *I'm just a nervous wreck:* der Sprecher ist so nervös, dass er zittert *(shaking),* nicht weiß, was er tun soll *(dithering),* nicht mehr aus noch ein weiß: *unsure which way to go/what is going to happen to them next (rattled).* Mit diesem wreck assoziiert der *songwriter* die Grundbedeutung von *wreck: shipwreck* – und schon ist er *underneath the sea.* Ebenso wird *rattle* (z.B. mit einem Schlüsselbund rasseln) wörtlich genommen.

L

underneath, sea, far away, shake, sand, rattle, rigging, dither, deck, (ship)wreck

- Wenn möglich sollten Sie zur Einführung der unbekannten Vokabeln Abbildungen mit in die Klasse bringen (ein Schiffswrack, ein altes Segelschiff …).
- Bereiten Sie sich darauf vor das Lied schauspielerisch zu begleiten (Aufgabe 2).
- Sie brauchen für jeden S eine Kopie des ABL.
- CC oder CD einlegen.

S

- ABL, Schreibzeug, Farbstifte

Vorschläge für den Unterricht

- Die S hören das Lied (etwa zweimal) und bearbeiten dabei die Leiste oben auf dem ABL.
- Ergebnisse zusammen anschauen und miteinander besprechen.

Aufgabe 1

1. Führen Sie zunächst – mithilfe der Abbildungen – *sea, sand, land, wreck* ein. Schreiben Sie die Wörter an die Tafel.
2. Die S schauen sich die Abbildungen auf ihrem ABL an. Lassen Sie dazu erzählen. *In which pictures can you see sand (land, sea, a wreck)?*
3. Die S beschriften die Abbildungen (mit den Vokabeln von der Tafel).
4. *far away* und *underneath* einführen. (Mit Hilfe der Zeichnungen auf dem ABL: wie jemand in weiter Ferne Land sieht/ein Wrack am Meeresgrund) Diese Wendungen auch anschreiben, die S übertragen sie auf das ABL.

Aufgabe 2

1. *Shaking* (mit entsprechenden Armbewegungen), *dithering* (Sie spielen, wie jemand unschlüssig ist, welchen Weg er gehen soll, einmal hierhin, einmal dorthin sich wendend …) und *rattling* (mit einem Schlüsselbund rasseln) einführen. Zuerst vorführen, dann das Wort sprechen und es an der Tafel notieren.
2. Machen Sie die S mit den beiden Bedeutungen von *(nervous) wreck* vertraut, sodass sie das Wortspiel verstehen können.
3. Spielen Sie das Lied und begleiten Sie es schauspielerisch:

    Underneath the sea,
      Lassen Sie Ihre Hände untertauchen.
    Far away from land,
      Halten Sie eine Hand über die Augen und schauen Sie in weite Ferne.
    That's where I will be,
      Zeigen Sie auf sich.
    Shaking in the sand.
      Bewegen Sie den ganzen Körper.
    Rattling in my rigging,
      Mit etwas rasseln.
    Dithering on my deck,
      Den Kopf hin- und herbewegen.
    I'm just a nervous wreck!
      Legen Sie den Kopf verzweifelt in die Hände.

    Anschließend üben Sie das „Schauspiel" mit der ganzen Klasse.

Aufgabe 3

Die Klasse teilt sich in zwei Gruppen, jede übernimmt eine Liedzeile. Die Gruppen stellen sich hintereinander/nebeneinander auf, die erste beginnt, die zweite setzt ein nach der ersten Zeile usw. Helfen Sie bei den Einsätzen.

Underneath the Sea

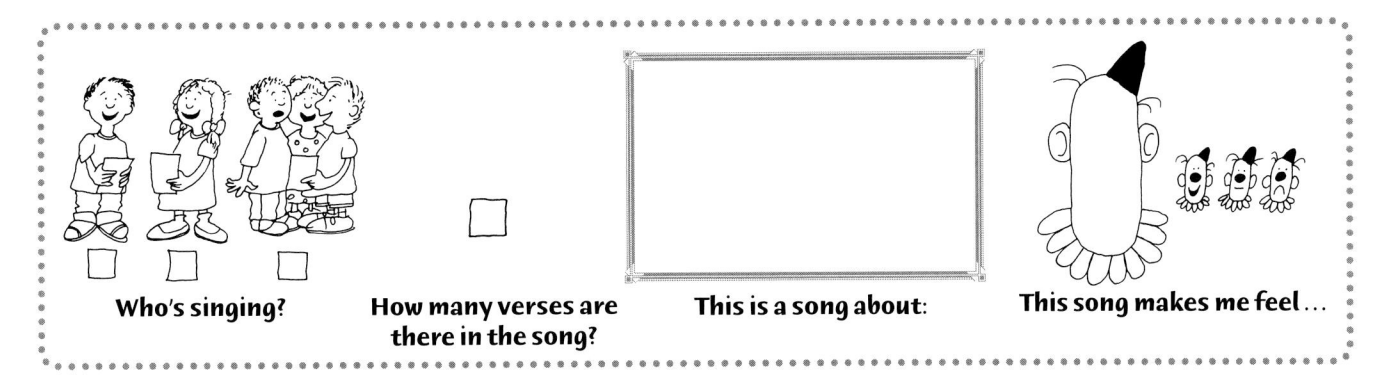

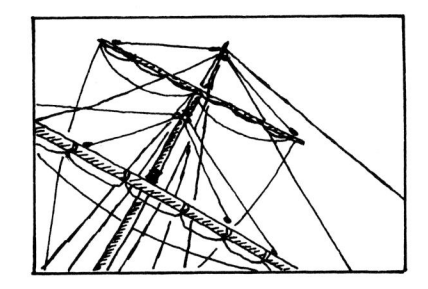

Who's singing? How many verses are there in the song? This is a song about: This song makes me feel...

Quellenverzeichnis

Inchworm © International Music Publications, London;
I Know They're Bad For My Teeth © David Moses, London;
The Hokey Cokey (Originaltitel: Cockey, Cockey) © Connelly Musikverlag, Hamburg;
John Brown's Baby © Music Sales Ltd., London;
The Bear Hunt © Simon & Schuster, New York;
Hello Goodbye © Music Sales Ltd., London;
When Santa Got Stuck up the Chimney © Music Sales Ltd., London;
Rudolph the Red-nosed Reindeer M+T: Johnny D. Marks © CHAPPELL & CO GMBH, Hamburg;
Underneath the Sea © Jan Holdstock, London

Nicht alle Copyrightinhaber konnten ermittelt werden; deren Urheberrechte werden hiermit vorsorglich und ausdrücklich anerkannt.

Grafik

Robert Broomfield, Tunbridge Wells
9, 13, 25, 41, 45

Holger Lipschütz, Berlin
7, 11, 15, 19, 29, 31, 35, 37, 39, 43

Kate Taylor, Bradford
17, 21, 23, 27

Foto

Interfoto, München
33